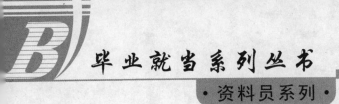

毕业就当系列丛书
· 资料员系列 ·

理论实际相联 · 快速适应职场的葵花宝典

理论+经验 → 基础+实务

以专家的高度 · 给您面对面的指导和帮助

毕业就当资料员
公路工程

主编 肖利萍

哈尔滨工业大学出版社
HARBIN INSTITUTE OF TECHNOLOGY PRESS

内 容 简 介

本书主要介绍了公路工程资料员应掌握的各种知识及工作范围,主要内容有公路工程概述、公路工程综合文件的管理、公路工程监理资料、公路工程施工资料、路基工程施工资料、路面工程施工资料、桥梁工程施工资料、涵洞工程施工资料、隧道工程施工资料以及公路工程竣工文件编制。

本书针对性、实用性强,注重实践,与实际紧密结合,使刚毕业的大学生可以很快地适应岗位,知道做什么,如何做。因此,本书可用作初为资料员的大学毕业生和从业人员的培训教材与自学参考书,也可作为高等教育公路工程专业的教材使用。

图书在版编目(CIP)数据

毕业就当资料员:公路工程/肖利萍主编.—哈尔滨:哈尔滨工业大学出版社,2011.5
(毕业就当系列丛书·资料员系列)
ISBN 978-7-5603-3257-4

Ⅰ.①毕… Ⅱ.①肖… Ⅲ.①道路工程-技术档案-档案管理 Ⅳ.①G275.3

中国版本图书馆 CIP 数据核字(2011)第 063258 号

责任编辑	郝庆多
封面设计	刘长友
出版发行	哈尔滨工业大学出版社
社　　址	哈尔滨市南岗区复华四道街 10 号　邮编 150006
传　　真	0451-86414749
网　　址	http://hitpress.hit.edu.cn
印　　刷	哈尔滨市石桥印务有限公司
开　　本	787mm×1092mm　1/16　印张 18　字数 450 千字
版　　次	2011 年 5 月第 1 版　2011 年 5 月第 1 次印刷
书　　号	ISBN 978-7-5603-3257-4
定　　价	35.00 元

(如因印装质量问题影响阅读,我社负责调换)

编委会

主　编　肖利萍

编　委　陶红梅　夏　欣　柴永欣　于　涛
　　　　　韩艳艳　吕文静　宋巧琳　齐丽娜
　　　　　远程飞　赵　慧　王　慧　赵春娟
　　　　　罗　娜　吴　宁　罗　会　白雅君

前 言

近年来,随着建筑行业发展的日渐完善和成熟,工程资料管理正以其鲜明的特点发挥着越来越重要的作用。公路工程资料不仅是公路工程竣工验收和竣工核定的必备条件,还是对工程进行检验、维修、管理、使用、改建的重要依据,故搜集和整理好公路工程资料是建筑施工中的一项重要工作,这无疑对资料员的业务水平和专业素质有了更为严格的要求。

目前,市场上关于公路工程资料的图书颇多,但是从刚毕业学生的角度出发,针对这类人群的图书比较罕见。为了提高初涉资料员岗位人员的专业知识和业务能力,我们依据现行公路工程施工及验收规范和质量检验评定标准,组织编写了本书,以进一步健全和完善施工现场的全面质量管理。全书内容全面,易于理解,便于执行,将基础与实务分开,使读者能及时查阅和学习。

由于学识和经验有限,尽管编者尽心尽力,但书中难免有疏漏或未尽之处,恳请有关专家和广大读者提出宝贵的意见,以便进行进一步的修改和完善。

编　者

2011.3

目 录

第1章 概述 ··· 1
   1.1 公路概述 ·· 1
   1.2 公路工程项目划分 ·· 2
   1.3 公路工程资料管理 ·· 3

第2章 公路工程综合文件的管理 ··· 11
   2.1 可行性研究 ·· 11
   2.2 公路工程设计文件 ·· 16
   2.3 公路工程征地拆迁资料管理 ·· 19
   2.4 公路工程建设管理文件 ··· 22

第3章 公路工程监理资料 ·· 25
   3.1 监理资料概述 ··· 25
   3.2 质量控制文件 ··· 28
   3.3 合同管理文件 ··· 37
   3.4 工程进度控制文件 ·· 44
   3.5 监理信息管理 ··· 53

第4章 公路工程施工资料 ·· 58
   4.1 交桩复测报告及图纸会审记录 ··· 58
   4.2 施工组织设计 ··· 62
   4.3 开工报告 ·· 65
   4.4 技术交底记录 ··· 68
   4.5 公路工程质量评定 ·· 70
   4.6 工程质量自检报告和试验、施工检验结果汇总 ························ 76
   4.7 施工原始记录及总结 ··· 88

第5章 路基工程施工资料 ·· 90
   5.1 路基土石方工程施工资料 ··· 90

5.2	路基排水工程施工资料	101
5.3	挡土墙、防护及其他砌筑工程施工资料	111
第6章	**路面工程施工资料**	**122**
6.1	路面基层	122
6.2	沥青路面	132
6.3	水泥混凝土路面	137
6.4	路缘石	141
6.5	路肩	144
第7章	**桥梁工程施工资料**	**147**
7.1	砌体	147
7.2	基础工程施工资料	153
7.3	墩、台身和盖梁工程施工资料	163
7.4	梁桥工程施工资料	171
7.5	拱桥工程施工资料	180
7.6	钢桥工程施工资料	190
7.7	斜拉桥工程施工资料	196
7.8	悬索桥工程施工资料	206
7.9	桥面系和附属工程施工资料	217
第8章	**涵洞工程施工资料**	**224**
8.1	涵洞工程施工资料概述	224
8.2	分项工程施工质量检验评定表	226
第9章	**隧道工程施工资料**	**234**
9.1	隧道工程施工资料概述	234
9.2	分项工程施工质量检验评定表	237
第10章	**公路工程竣工文件编制**	**245**
10.1	公路工程竣工文件概述	245
10.2	公路工程交工验收和竣工验收	247
10.3	工程总结	266
10.4	竣工图	271
参考文献		**280**

第1章 概 述

1.1 公路概述

【基 础】

◆ **公路建设的地位和作用**

公路是人流、物流的载体,为人流和物流的移动提供了基础条件。公路建设在国民经济和社会发展中具有重要的地位及先行的作用。公路交通是综合运输体系中的重要组成部分,它覆盖面广、通达深,既具有干线运输的功能,又具有集疏功能,同时还是其他运输方式的延伸,具有小、快、灵的特点,有着其他运输形式不可替代的作用。

因此,加强公路建设和管理,是经济发展的先行和基础,是经济、文化交流的保证。

【实 务】

◆ **公路的等级划分**

1. 按技术等级标准划分

公路根据使用功能适应的交通量分成五个技术等级:高速公路、一级公路、二级公路、三级公路和四级公路。公路技术等级及标准可以参照交通部标准《公路工程技术标准》(JTGB 01—2003)。

各级公路设计交通量的预测应符合《公路工程技术标准》(JTGB 01—2003)的要求,其中二、三级公路的设计交通量应按 15 年预测;四级公路可以根据实际情况,一般情况下,也可按 10 年预测,也可以视建设条件采取先通后畅,远、近期结合的方式确定建设标准。

2. 按公路网中的地位划分

(1)国道。国道是国家的干线公路。在公路网中,具有全国性的政治、经济、文化、国防意义,并经确定为国家级干线公路。

(2)省道。省道是省干线公路。在公路网中,具有全省性的经济、政治、国防意义,并经确定为省级干线公路。

(3)县道。县道是县公路。具有全县性的政治、经济意义,并经确定为县级公路。

(4)乡道。乡道是乡公路。直接或主要为乡、村(镇)内部经济、文化、行政服务,为农民生产、生活服务的公路。

(5)专用公路。专用公路是指由企业或者其他单位建设、养护、管理的道路,专门为或主要为本企业或者本单位提供服务的道路。

3. 县际和农村公路

县际公路通常是指连接相邻县与县之间的公路,包括经济干线、口岸公路及省际间公路。

通乡(镇)公路是指县城通达乡(镇),以及连接乡(镇)与乡(镇)之间的公路。

通村公路是指由乡(镇)通达行政村的公路。

县际公路和通乡公路,常采用三级或三级以上公路标准。

在路面结构形式上,常要求铺筑高级或次高级路面,交通量大的路段可以采用沥青混凝土或水泥混凝土路面。

农村公路建设标准原则宜执行《公路工程技术标准》(JTG B 01—2003),应创造条件,采用四级公路以上技术标准。

路面类型应根据交通量、自然、社会环境、地产材料和建设资金状况等因素合理选用。一般地区可以采用沥青贯入式、沥青碎石、沥青表处、石块、混凝土块等类型路面。有条件的地区,视交通量情况可以采用沥青混凝土路面和水泥混凝土路面。

1.2 公路工程项目划分

【基　　础】

◆项目划分要求

根据建设任务、施工管理及质量评定的需要,在施工准备阶段,施工单位可根据《公路工程质量检验评定标准》(JTG F80/1—2004、JTG F80/2—2004)的规定,结合工程特点,对建设项目按照单位工程、分部工程和分项工程逐级进行划分,直到详细地列出每一个分项工程的编号、名称、内容、桩号或部位。

在整个工程建设项目中,公路工程实体与划分的项目要一一对应上,且单位、分部、分项工程的数量、位置都应一目了然。施工单位、工程监理单位和建设单位可按照相同的工程项目划分进行工程质量的监控和管理。

【实　　务】

◆公路工程项目划分细则

1. 建设项目

建设项目也称为基本建设项目,是指经批准在一个设计任务书范围内按照统一总体设计进行建设的全部工程。建设项目是由一个或几个单项工程组成的,在经济上实行统一核算,行政上实行统一管理,常以一个企业(或联合企业)、事业单位或独立工程作为一个建设项目。公路工程基本建设以单独设计的公路路线、独立桥梁作为建设项目。

2. 单项工程

单项工程也称为工程项目,是指建设项目中具有单独的设计文件,建成后可以独立发挥生产能力或使用效益的工程。公路工程中独立合同段的路线、大桥、隧道等均属于单项工程。

1.3 公路工程资料管理

【基　础】

◆ **常用资料术语**

(1)工程资料。工程资料是指在工程建设过程中形成的各种形式的信息记录,包括基建文件、监理资料、施工资料和竣工图。

(2)基建文件。基建文件是指建设单位在工程建设过程中形成的文件,可以分为工程准备文件和竣工验收文件等。

1)工程准备文件。工程准备文件是指工程开工前,在立项、审批、征地、勘察、设计、招投标等工程准备阶段形成的文件。

2)竣工验收文件。竣工验收文件是指建设工程项目竣工验收活动中形成的文件。

(3)监理资料。监理资料是指监理单位在工程设计、施工等监理过程中形成的资料。

(4)施工资料。施工资料是指施工单位在工程施工过程中形成的资料。

(5)竣工图。竣工图是指工程竣工验收后,真实反映建设工程项目施工结果的图样。

(6)工程档案。工程档案是指在工程建设活动中直接形成的具有归档保存价值的文字、图表、声像等各种形式的历史记录。

(7)立卷。立卷是指按照一定的原则和方法,将具有保存价值的文件分类整理成案卷的过程。

(8)归档。归档是指文件的形成单位完成其工作任务,将形成的文件整理立卷后,按规定移交档案管理机构。

◆ **工程资料编号规定**

(1)公路工程分类号编制方法是以单项工程为单位,依照《交通部科学技术档案分类编号办法》中所确定的公路工程类目进行分类。

(2)档号。档号由档案分类号和案卷顺序号组成。

(3)档案分类号。公路工程竣工文件材料分为五级类目:第一级类目到第三级类目固定不变,第四级类目为单项工程项目代号,项目代号可以用阿拉伯数字来表示,也可以用建设项目起止点汉语拼音第一个字母和某段起止点的汉语拼音第一个字母组成,中间加"·"符号,第五级类目按单项工程竣工文件材料形成的先后顺序进行组卷。

【实　务】

◆工程资料分类及管理

1. 工程资料分类

在公路工程建设施工过程中,它产生的资料大致可以分为基建文件、监理资料和施工资料三大类,划分规则如下：

(1)工程资料可按照收集、整理单位和资料类别的不同进行分类。

(2)施工资料分类根据工程类别和专业系统进行划分。

(3)施工过程中工程资料的分类、整理和保存应依照国家及行业现行法律、法规、规范、标准及地方有关规定。

2. 基建文件管理

(1)公路工程建设过程中,基建文件的管理规定。

1)基建文件必须按照有关行政主管部门的规定和要求进行申报、审批,且要保证开、竣工手续和文件完整、齐全。

2)工程竣工验收由建设单位组织勘察、设计、监理、施工等有关单位进行,并形成竣工验收文件。

3)工程竣工后,由建设单位负责工程竣工备案工作。按照竣工备案的有关规定,提交完整的竣工备案文件,报竣工备案管理部门备案。

(2)公路工程建设过程中,基建文件的管理流程如图1.1所示。

3. 监理资料管理

(1)监理工程师应按照合同约定审核勘察、设计文件。

(2)监理工程师应对施工单位报送的施工资料进行审查,保证施工资料的完整、准确,合格后予以签认。

(3)公路工程监理过程中,监理资料的管理流程如图1.2所示。

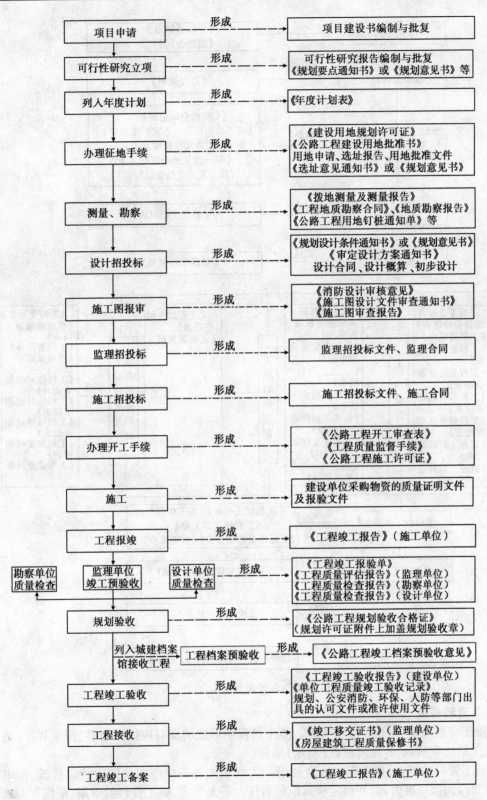

图1.1 基建文件管理流程

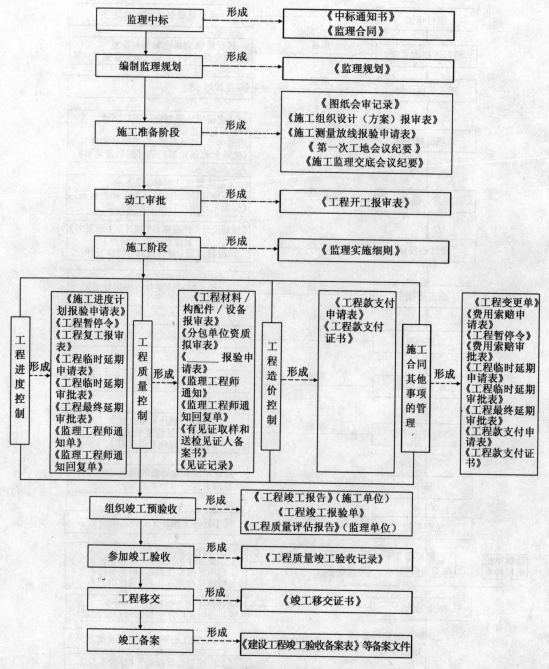

图1.2 监理资料管理流程

4. 施工资料管理

(1)施工资料应实行报验、报审管理。施工过程中形成的资料应按照报验、报审程序,通过相关施工单位审核后,才能报建设(监理)单位。

(2)施工资料的报验、报审有时限性要求。工程相关各单位应在合同中约定报验、报审资料的申报时间及审批时间,并约定应承担的责任。若无约定,施工资料的申报,审批不可以影响正常施工。

(3)工程实行总承包的,应在与分包单位签订的施工合同中明确施工资料的移交套数、移交时间、质量要求及验收标准等。分包工程完工以后,应将有关施工资料按约定移交。

5. 施工资料管理流程

(1)公路工程施工技术资料管理流程如图1.3所示。
(2)公路工程施工物资资料管理流程如图1.4所示。
(3)公路工程施工质量验收记录管理流程如图1.5所示。
(4)公路工程验收资料管理流程如图1.6所示。

6. 施工资料报验程序

施工资料的报验程序应根据《公路工程施工监理规范》(JTG G10—2006)中的有关要求同步进行,其报验程序如下:

(1)开工报告。各合同段在工程开工前及相应的单位工程、分部工程或是分项工程开工前,高级驻地监理工程师应要求承包人提交工程开工报告并进行审批。工程开工报告应提出工程实施计划和施工方案;依照技术规范的要求,列明工程质量控制指标及检验频率和方法;说明材料、设备、劳力、现场管理人员等资源的准备情况及阶段性配置计划;提供放样测量、标准试验、施工图等必要的基础资料。

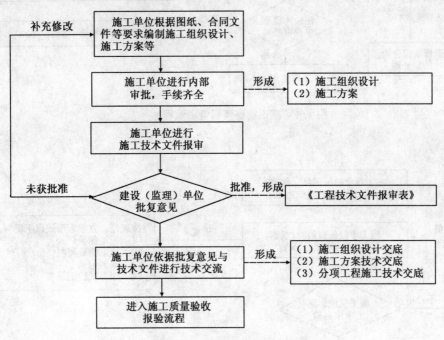

图1.3 施工技术资料管理流程

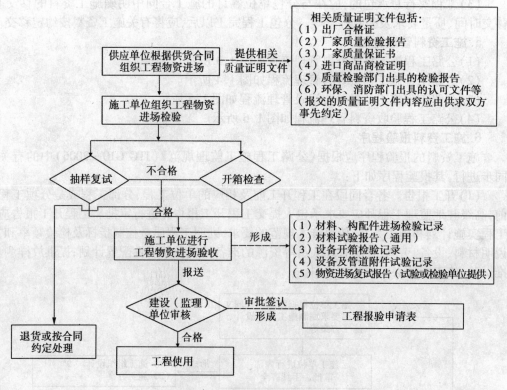

图1.4 施工物资资料管理流程

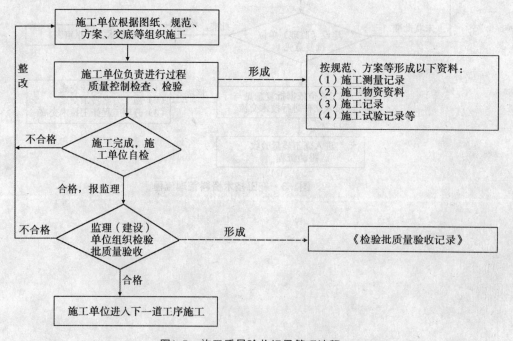

图1.5 施工质量验收记录管理流程

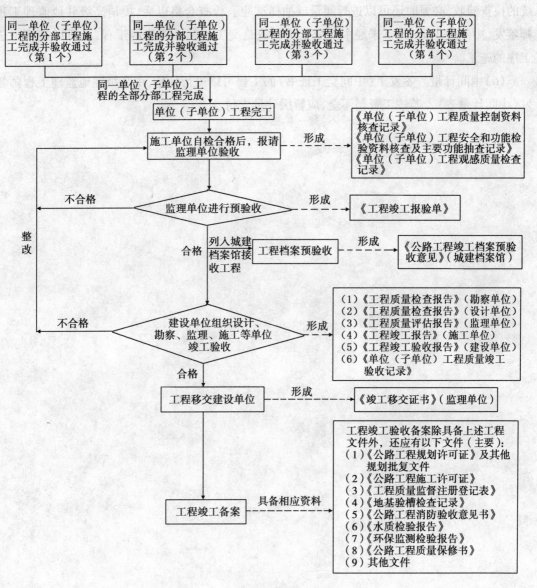

图1.6 工程验收资料管理流程

(2)工序自检报告。监理工程师应要求承包人的自检人员按照专业监理工程师批准的工艺流程和提出的工序检查程序,在每道工序完工后进行自检,自检合格后,申报专业监理工程师进行检查认可。

(3)工序检查认可。每道工序完成后,专业监理工程师应在承包人的自检或在承包人自检的同时检查验收并签认,对不合格的工序应要求承包人进行缺陷修补或返工。前道工序未经检查认可,不得进行下道工序施工。

(4)中间交工报告。在单位工程、分部工程或分项工程完成后,承包人的自检人员应再次进行系统的自检,汇总各道工序的检查记录以及测量、抽样试验的结果,提出交工报告。

(5)中间交工证书。专业监理工程师按照工程量清单对已完工的单项工程进行一次系统的检查验收，必要时还可以进行测量或抽样试验。检查合格以后，提请高级驻地监理工程师签发《中间交工证书》。未经中间交工检验或是交工检验不合格的工程，不可以进行下道工序的施工。

（6）中间计量。签发了《中间交工证书》的工程可以进行计量，由高级驻地监理工程师签发《中间计量表》。若竣工资料不全，应暂缓计量支付。

第2章 公路工程综合文件的管理

2.1 可行性研究

【基　　础】

◆项目建议书

项目建议书是建设某一项目的建议性文件,是对拟建项目轮廓的设想。项目建议书的作用是为了推荐拟建项目而提出的说明,论述建设的必要性,以便有关部门选择,确定是否有必要进行可行性研究工作。项目建议书经批准后,方可进行可行性研究。

项目建议书的主要内容有：建设项目提出的必要性和依据；拟建规模、技术标准、建设地点的初步设想；建设内容、主要工程量；资源情况、建设条件及建设方案；建设投资估算及资金筹措设想；建设安排及实施方案；经济评价指标；利用外资项目则要说明利用外资的可能性,以及偿还贷款能力的大体测算。

◆可行性研究的概念

可行性研究是目前国内、外工程建设中被广泛采用的一种技术经济论证方法。建设项目的可行性研究是指在项目决策前,通过对与该项目有关的工程、技术、经济等各方面条件和情况进行深入全面的调查、研究、分析、预测,对各种可能的实施方案进行比较论证,并对项目建成后的经济损益进行测算和评价的一种科学分析活动。

公路项目可行性研究是从"需要"和"可能"两个方面,深入、具体地研究公路项目建设的必要性、技术的可行性、经济的合理性、实施的可能性,以此为该项目投资决策提供可行方案,为设计任务书的编制、审批提供科学的依据。

技术可行性有两层含义:

(1)研究某项目采用现代技术是否能办到。

(2)研究完成某项目需要采用什么技术,各项技术之间的集成配套性如何,技术与其他有关资源、环境的协调性如何。就大多数情况而言,只要投入与之相适应的资金,技术上都是有可能办到的。故技术可行性是指在一定资金条件下的可行性。技术可行性还与项目所在地区及全国的经济水平和技术水平有关,包括技术的先进性和可靠性问题。

经济合理性是可行性研究的核心。研究一个项目是否可行,不仅需要研究该项目能否建成,投资多少,还需要研究其经济效益。建设项目的经济合理性是通过费用-效益分析(即经济评价)得到的指标作为评价的定量标准。经济评价是实现项目决策科学化、民主化,减少和避免投资决策失误,提高经济效益的重要方法。不能定量的效益也可以加以研究,用来全面地衡量某一项目的经济合理性。

项目的经济合理性应从不同角度加以衡量,通常可以分为从企业角度的"财务评价"和从国家角度的"国民经济评价"两种。当两种评价的结果不相同时,应按国民经济评价的结果考虑项目的取舍。

项目实施的可能性是对建设项目的主客观条件所作出的分析和结论,投资估算和资金来源是最重要的研究内容,设计、施工力量、原材料供应、水、电、土地及交通运输条件等,也会影响项目实施的可能性。

综上所述,公路工程的可行性研究是一项复杂的系统工程。它不仅需要从项目进行研究,还要从整个国民经济的角度出发,对工程建设规模、发展速度、投资结构、生态环境、社会政治等通盘考虑,进行技术、经济、社会效益分析与论证。

◆公路项目可行性研究的特点

公路项目的自身特点决定了其可行性研究的特点。

(1)公路项目可行性研究要立足于全社会的公路交通状况,包括公路运输量、公路交通量和车货流起讫点情况。因此,我们必须分析研究引发运输量、交通量的地区社会经济的发展现状、资源特征、产业结构,预测未来的发展速度、发展水平,还应调查分析研究其他的运输方式的运输能力及其对运输量的分流状况,搞清与研究对象平行的整个运输走廊的运输量和交通量以及公路网络情况。

(2)对于非经营性公路项目通常不形成独立的企业,项目本身没有直接盈利问题,故对于非经营性公路项目的国民经济评价只重视财务评价。目前,仅对贷款修建并以收费偿还贷款的公路建设项目进行财务分析和评价,这时,我们需要研究收费方式、收费标准,计算过路(桥)费收入,动态计算贷款偿还年限。若收费公路管理机构是经营性的经济实体,财务分析则不仅需要计算贷款偿还年限,还要计算偿还年限后的收费所得。无论哪一种情况均需考虑收费对交通量分配的影响。

(3)在考虑公路建设项目投资效益时,必须着眼于满足社会经济发展的需要,公路建设项目投资产生的效益大部分在运输业的外部,而不是在内部,主要反映在用户身上以及对社会经济的影响上。其效益的计算不像工业项目一样,可通过项目实施后的产品销售收入计算,而主要是利用项目实施后给国民经济和社会带来的费用节约来计算的。

(4)在费用的计算上,因公路建设项目不是直接生产物质产品,使用时不需要原料,故不产生原材料费。但公路项目投入营运时需投入价值昂贵的汽车(并不在项目建设费用支出中),在营运过程中还需要消耗大量的燃料(也不计入项目建设成本),且在基础设施方面需要投入大量的稀缺资源,如土地、钢材、水泥等。因此,在进行公路项目可行性研究和经济评价时,一定要注意方案的筛选,在满足相同目标的各种替代方案中,选出投入最少或代价最小的方案,尽可能地减少建设期和营运期的资源消耗。

◆我国公路项目可行性研究的阶段划分

我国公路可行性研究按照工作深度可以分为预可行性研究和工程可行性研究两个阶段。前者介于机会可行性研究和初步可行性研究之间。

预可行性研究重点阐明了建设项目的必要性,通过踏勘和调查研究,提出建设项目的规模、技术标准,进行简要的经济效益分析,审批后作为编制项目建议书的依据。

工程可行性研究是通过必要的测量(高等级公路必须做)、地质勘探(大桥、隧道及不良地质地段等),在认真调查研究、掌握必要资料的基础之上,对不同建议方案从经济、技术上进行综合论证,提出推荐建设方案。审批后可以作为编制设计计划书的依据。工程可行性研究的投资估算和初步设计概算之差,宜控制在上下浮动10%以内。预可行性研究和工程可行性研究的具体区别见表2.1。

表2.1 预可与工可研究的工作要求与区别

项目		预可行性研究	工程可行性研究
总体要求		1. 项目建议书的依据 2. 偏重研究建设的必要性 3. 概略研究,结论是初步的 4. 工程作业以1:50 000比例尺图为基础,辅以踏勘、调查 5. 提出方案设想和投资估算	1. 设计任务书的依据 2. 全面研究建设的必要性、技术的可行性、经济的合理性、实施的可能性 3. 要求研究结论建立在定性、定量充分论证的基础之上 4. 高等级公路工程作业基础为1:10 000比例尺图,根据具体情况选用更大比例尺图,需进行必要的测量和钻探 5. 解决路线大方案,投资估算与概算误差控制在10%以内
提供的主要图表要求		在1:00 000~1:500 000比例尺的地图上标出路线方案	高等级公路要求1:10 000比例尺地形图上的路线方案
资料要求	社会经济调查	资料要求简要、概略,未来年份社会经济资料可以以既有经济计划和规划为基础	资料要求全面、系统,未来年份要求进行社会经济发展预测
	交通情况调查	范围:五种运输方式 内容:不要求进行OD调查	范围:五种运输方式 内容:高等级公路要求进行OD调查
	路况运输调查	路网及相关公路概况 公路部门运输效率指标	路网概况,其他交通线路及相关公路路况,全社会公路运输效率指标
交通量预测		以基年交通量和交通量增长率为基础,采用定基与定标相结合的预测技术	高等级公路和特大桥要求进行交通量生成、分布和路网分配的分析与预测,研究收费情况下的交通量预测
经济评价		1. 按经济评价办法提出初步经济评价 2. 效益计算中的某些参数不要求动态处理 3. 不要求进行敏感性分析 4. 收费公路要求进行粗略财务分析	1. 按经济评价办法提出完整经济评价 2. 效益计算中的某些参数要求动态处理 3. 效益费用调整须根据项目具体研究 4. 要求进行敏感性分析 5. 收费公路要求进行财务分析

◆**公路项目可行性研究的主要内容**

预可行性研究和工程可行性研究因两个阶段任务不同、深度要求不同、编制依据不同,其内容也有所差别。但总的来说,公路建设项目可行性研究,应包括以下内容:

(1)概述。包括编制依据、背景、研究过程和内容、主要研究结论。

(2)项目影响区域社会经济、交通运输的现状和发展。包括研究区域概况,项目影响区域社会经济现状及发展,项目影响区域交通运输现状及发展。

(3)交通量的发展预测。包括公路交通的调查和分析,其他相关运输方式的调查和分析,交通量预测的思路和方法,交通量预测。

(4)技术标准。

(5)建设条件及路线方案,包括建设条件、备选方案拟定、值得进一步比选的备选方案。

(6)工程环境影响分析。

(7) 投资估算及资金筹措。
(8) 经济评价包括国民经济评价,财务分析。
(9) 节能评价。
(10) 推荐方案的综合选定及建设规程。
(11) 方案实施。
(12) 问题与建议。

【实　　务】

◆公路项目可行性研究的具体工作步骤

1. 接受任务与签订合同

公路项目的可行性研究,可由项目主管部门直接给工程设计单位下达任务,也可由项目业主自行委托有资格的工程设计单位承担。

项目业主和受委托单位签订的合同通常包括:进行该项目可行性研究的依据、研究的范围和内容、研究工作的质量和进度、研究费用及其支付方法、合同双方的责任和义务、协作方式和关于违约处理的方法等主要内容。

2. 组织准备与计划安排

受委托单位接受任务之后,应根据工作内容组织项目小组,确定项目负责人和专业负责人。承担研究工作的人员必须具有较丰富的公路勘测、设计、施工的工程实践经验,对宏观经济、公路经济、交通工程等有较广泛知识。项目负责人还应具备渊博的学识、远大的目光、较高的领导水平和丰富的工作经验。研究组包括如下人员:项目负责人、公路经济人员、交通工程人员、公路路线工程人员、桥隧工程人员、公路路面工程人员、工程地质水文人员、工程概预算人员等。

项目组根据任务要求,研究和制订工作计划和实施进度。在安排实施进度时,应充分考虑各专业的工作特点和任务交叉情况,协调技术专业与经济、交通专业的关系,为各个专业工作留有充分的时间。根据研究工作进度和要求,若需要向外分包,应办理好分包手续,处理好分包关系。

3. 调查研究与资料搜集

在清楚地了解了公路项目建设意图和要求的基础之上,拟定调查研究提纲,组织相关专业人员赴现场进行实地调查及专题抽样调查。它包括经济调查、交通量调查、路况调查、地形图或航测照片定线、线路桥隧踏勘、地质调查、筑路材料调查以及必要的线路桥隧测量和地质勘察钻探工作。

机动车起讫点调查(OD 调查)的布点应在准备工作的初期阶段拟好,外业阶段应先与项目所在地区的公路管理部门商定,然后布置到各调查点,组织交通、路政、监察、运营等部门协同完成。

通过调查,广泛搜集项目所在地的经济、社会、自然资源、环境、交通、运输等方面的资料,并用科学的方法对资料进行整理、分析,为技术方案设计和技术经济评价提供可靠的依据。

第2章 公路工程综合文件的管理

4. 方案设计与经济分析

在搜集、整理了一定设计基础资料和技术经济基本数据的基础之上,开展深入的分析、研究工作。其中包括公路运输量、交通量的预测和评价,工程规模和技术标准研究,线路和桥隧方案研究,筑路材料来源分析,环境保护工作研究,工程量分析与估算,投资估算及资金来源研究,经济评价,建设工程安排等。通过研究提出若干个可供选择的建设方案和技术方案,并进行比较和评价,从而挑选或推荐最佳的建设方案。

5. 编写报告文本及绘制附表、附图

在对建设方案和技术方案进行技术经济论证和评价之后,组织研究人员分别编写详尽的可行性研究报告。在报告中可以推荐一个或几个项目建设的方案,也可以提出项目不可行的结论意见或项目改进的建议。研究报告应按照《公路建设项目可行性研究报告编制办法》的格式和要求编写。

6. 报告出版、上报及评审

按现行规定,大中型建设项目的可行性研究报告由主管部、各省、市、自治区或全国性专业公司负责预审,报国家计划与发展委员会审批或由国家计划与发展委员会委托有关单位审批。重大项目和特殊项目的可行性研究报告由国家计划与发展委员会会同有关部门预审,报国务院审批。小型项目的可行性研究报告按隶属关系由主管部、各省、市、自治区或全国性专业公司审批。

◆对可行性研究报告的具体评估内容

1. 建设项目的必要性

建设项目的必要性应从国民经济和社会发展等宏观角度进行论证。分析项目是否符合国家规定的投资方向,是否符合国家的产业政策、行业规划及地区规划,是否符合经济和社会发展需要。

2. 建设项目规模

项目建设规模是否经济、合理,主要是看公路路线的走向、控制点、技术等级是否选择了最佳方案、最佳控制点、最佳技术等级,独立大桥桥址是否合理。

3. 公路路线方案

公路路线方案有无多方案可以比选,所定方案是否合理,是否符合国土规划、城市规划、土地管理、文物保护的要求和规定,有无多占土地的情况。

4. 路面结构、桥型方案的选定

(1)有无不同的方案可以比选,如路面结构、桥梁的桥型和结构的比选等,要分析选定的结构、桥型是否经济、合理。

(2)论证工程地质、水文、气象、地震等自然条件对工程的影响以及采取的治理措施。

(3)路面、桥梁的技术标准是否符合国家有关规定。

5. 环境保护

项目的"三废"治理是否符合保护生态环境的要求,有没有环境保护部门审查同意的文件。

6. 投资估算和资金来源

投资估算是否合理,有没有高估冒算,任意提高标准,扩大规模,向主管部门多要钱。有

没有故意漏项、少算、压低概算,向国家先要项目等情况。项目的资金来源是否可靠,是否符合国家的相关规定。

7. 财务评价

财务评价是从项目本身出发,采用国家现行财税制度和现行价格对项目的投入费用、产出效益、项目的偿还贷款能力等财务状况进行计算和核实,用来衡量项目的经济效益。

8. 国民经济评价

国民经济评价是从国家、社会的角度来衡量建设项目需要国家付出的代价以及给国民经济带来的效益,从宏观上比较得失关系,从而确定项目的可行性。

9. 不确定性分析

在进行财务和国民经济评价时,都需要做不确定性分析。通常应进行盈亏平衡分析和敏感性分析,有条件时还可以进行概率分析,以确定项目在财务上、经济上的抗风险能力。

10. 社会效益评价

社会效益包括生态平衡、科技发展、就业效果、社会进步等方面。通常应根据项目的具体情况,分析可能产生的主要社会效益。

11. 项目的总评估

汇总各方面的分析、评价,进行综合研究,提出结论性的意见和建议。除此之外,对以下几类项目的评估补充要求如下。

(1)国内合资项目。需要补充评估项目的合资方式、经营管理方式、收益分配以及债务承担方式等是否恰当,是否符合国家规定。

(2)利用外资、中外合资、中外合作经营等项目。需补充评估合作外商的资信是否良好;项目的合资方式、经营管理方式、收益分配及债务承担方式是否合适,是否符合国家有关规定;借用外资贷款的条件是否有利,创汇和还款能力是否可靠;国内投资和国内配套项目是否落实等内容。

(3)技术改造项目。需要补充评估对原有道路利用程度和建设期间对运输生产的影响等内容。应比较改造前、后经济效益的变化,与新建同样项目投资效益的差别。

2.2 公路工程设计文件

【基 础】

◆**工程地质、水文地质、勘察设计、勘察报告**

工程勘察单位是指为工程建设的规划、设计、施工、运营及综合治理等,对地形、地质、水文等要素进行测绘、勘探、测试及综合评定,并提供可行性评价和建设所需要的勘察成果资料,以及进行岩土工程勘察、设计、处理、监测的活动的单位。

我国的工程勘察专业体系包括工程地质勘察、岩土工程、水文地质勘察及钻井工程测量及城市规划测量等专业;岩土工程勘察、岩土工程设计、岩土工程监测。

其中,建设工程勘察涉及工程地质勘察和工程测量两个专业。工程地质勘察是为建设项目查明建设场地的工程地质、水文地质条件而进行的测试和勘探,并进行综合评定及可行性研究的工作。工程地质勘察可以分为选址勘察、设计勘察和施工勘察等几个阶段。

(1)搜集、分析选址的地形、地质、地震等资料;进行现场地质调查,测绘工程地质平面图;通过测绘,认为有重要的地质因素可能影响方案评价时,可以进一步布置勘探工作予以查明,编制选址勘察和工程地质报告。

(2)主要查明地层、构造、岩石和土壤的物理力学性质,地下水情况以及冰冻深度,场地不良地质现象的成因、分布范围及对场址稳定性的影响和发展趋势等的初步设计勘察及为施工图设计提供依据的详细勘察。

(3)针对施工中遇到的地质问题而进行的施工勘察。

勘察单位通过测量、测绘、观察、调查、钻探、试验、测试、鉴定、分析资料和综合评价等工作查明场地的地形、地貌、地质、岩性、地质构造、地下水条件和各种自然或人工地质现象,并在勘察过程中,按照工种、工序及专业分级进行质量检验,使各作业程序的成果符合现行规定的质量标准,然后交给后一道工序使用,最后汇集勘测成果资料,编制勘察报告,并提供重要的土岩样,提出解决岩土工程问题的建议。勘察工作是建设工程的基础工作,勘察成果文件是设计和施工的基础资料和重要依据,真实准确的勘察成果对设计和施工的安全性和促使工程取得最佳的经济、社会和环境效益有着直接的影响,故工程勘察成果必须真实准确、安全可靠、经济合理。

◆水文、气象等其他设计基础材料

公路连接城镇和乡村,是一种线性带状结构物,在建设过程中常常要跨越不同地区,若公路通过不良地质、水文地区,则需要采取特殊的防护措施,以保证公路工程结构的质量和安全。

公路建设是一项系统工程,且建设工期长,一般项目需要 2~4 年,有的则更长。根据规定,对平原微丘区的高速公路,前期工作周期不应少于 24 个月,施工工期应在 36 个月以上。而对于一般的山岭重丘区高速公路和技术复杂的特大桥梁,前期工作周期不应少于 36 个月,施工工期应在 48 个月以上。在工程设计之前,应先测定建设区域内的气候条件,以便在施工组织设计中合理地选择材料、施工措施。

影响公路建设的因素还包括经济、人文等社会条件。在公路设计中,除掌握沿途的地形、地质、水文、气象等自然条件,还需掌握经济、人文等多种多样的社会条件,如各类自然生态系统区域,珍贵的野生动物聚集区、文物古迹、重大科学文化价值的自然遗迹、古树名木等。这些变化多样的环境,都会直接影响到工程的设计。

因此,在工程设计前,要全面掌握影响设计的基础资料,使设计更合理、方案更科学、措施更有效。

【实　　务】

◆初步设计文件及审批文件

初步设计是根据已批准的可行性研究报告和初测资料编制而成的。它是根据批准的可行性研究报告及勘察设计合同的要求,拟定修建原则,选定设计方案,计算主要工程数量,提出施工方案的意见,编制设计概算,提供文字说明和图表资料。

选定方案时,需对路线的走向、控制点和方案进行现场核查,征求地方政府及建设单位的意见,基本落实路线布置方案。通常应进行纸上定线,赴实地核对,落实并放出必要的控制线位桩。对难以取舍、投资影响比较大或地形特殊的复杂困难地段的路线、特大桥、长大隧道、立体交叉枢纽的位置等,常应选择两个以上的方案进行同深度、同精度的测设工作和方案比选,优选提出推荐方案。

审查批准后的初步设计文件是安排重大科研试验项目,联系征用土地,编制施工图及控制建设项目投资的依据。

◆技术设计

公路工程基本建设项目常采用两阶段设计,即初步设计和施工图设计。技术复杂且缺乏经验的建设项目,或建设项目中的特大桥、互通立体交叉、隧道、高速公路和一级公路的交通工程以及沿线设施中的机电设备工程等,必要时也可采用三阶段设计,即初步设计、技术设计和施工图设计。

技术设计应当根据批准的初步设计及审批意见、勘测设计合同的要求,对重大且复杂的技术问题通过科学试验,进一步勘测调查,专题研究,解决初步设计中没有解决的问题,落实技术方案,计算工程数量,提出修正的施工方案,编制修正设计概算,批准后作为编制施工图设计的依据。

◆施工图设计文件及审批文件

施工图设计应当根据批准的初步设计或技术设计,进一步对审定的修建原则、设计方案、技术措施,加以具体和深化。通过现场定线勘测,确定路线和结构物的具体位置及设计尺寸,最终确定各项工程的数量,提出文字说明及适应施工需要的图表资料和施工组织计划,编制施工图预算。

施工图设计文件常由以下文件组成。

(1)总说明。
(2)总体设计。
(3)路线。
(4)路基、路面及排水。
(5)桥梁、涵洞。
(6)隧道。

(7) 路线交叉。
(8) 互通工程及沿线设施。
(9) 环境保护。
(10) 渡口码头及其他工程。
(11) 筑路材料。
(12) 施工组织计划。
(13) 施工图预算。
(14) 附件。

其中,总体设计只用在高速公路和一级公路。附件内容为补充地质勘探、水文地质调查以及计算等基础资料。

2.3 公路工程征地拆迁资料管理

【基　　础】

◆ **征地拆迁工作总结**

(1) 工程概况。
(2) 概述征地范围、数量和费用,拆迁范围、数量和费用,与当地政府和其他单位签订的有关协议等情况。
(3) 概述合同外工程征地范围、数量和费用;拆迁范围、数量和费用,与当地政府或其他单位签订的有关协议等情况。
(4) 土地复耕情况。
(5) 遗留问题或建议今后养护单位应注意的事项。

◆ **征地拆迁文件**

(1) 上级主管部门、当地政府关于征地拆迁工作的文件。
(2) 征用土地报批文件及红线图。
(3) 征地拆迁会议纪要。
(4) 征地、拆迁及补偿协议。
(5) 土地证(复印件)。

【实　　务】

◆ **征地拆迁图表**

(1) 征用土地数量一览表,见表2.2。
(2) 取土场及其他征地一览表,见表2.3。

(3)公路用地图,包括主线占地及其他永久占地、取土场占地平面图。
(4)拆迁建筑物一览表,见表2.4。
(5)拆迁电力、电讯及其他管线一览表,见表2.5。
(6)树木补偿一览表,见表2.6。
(7)被交道接线工程一览表,见表2.7。
(8)增打灌溉井一览表,见表2.8(附位置图)。
(9)合同外结构物一览表,见表2.9。

表2.2 征用土地数量一览表

第 页共 页

序号	施工桩号		土地原属乡镇名称	征地数量/市亩					备注
	起	讫		水田	旱田	菜地	其他	合计	
小计									
负责人					填表人				

表2.3 取土场及其他征地一览表

第 页共 页

序号	土场编号	距主线距离/m		土地原属单位	征地数量/市亩	业主留用/市亩	返还/市亩	备注
		左	右					
负责人					填表人			

表2.4 拆迁建筑物一览表

第 页共 页

序号	施工桩号	拆迁种类及数量				备注
		草房	瓦房			
负责人				填表人		

第2章 公路工程综合文件的管理

表2.5 拆迁电力、电讯及其他管线一览表

第 页共 页

序号	施工桩号	电线架		电杆		电线/m		其他管线/m			备注
		种类	座数	种类	根数	种类	长度	输油管	地下电缆	管道	
负责人						填表人					

表2.6 树木补偿一览表

第 页共 页

施工桩号		所属单位	果树/棵		杂树/棵			备注
起	讫		成树	小树	>200 cm	11~200 cm	≤10 cm	
负责人					填表人			

表2.7 被交道接线工程一览表

第 页共 页

序号	施工桩号	工程内容	工程数量/m		费用/万元	备注
			长度	宽度		
小计						
负责人				填表人		

表2.8　增打灌溉井一览表

第　页共　页

序号	位置		规格/m		数量	归属	备注
	桩号	距中线距离/m	孔径	深度			
		左　　　右					
小计							
负责人					填表人		

表2.9　合同外结构物一览表

第　页共　页

序号	项目名称	位置	规格形式	数量	费用	备注
小计						
负责人				填表人		

◆**组卷要求**

上级主管部门、当地政府关于征地拆迁工作的文件,按问题和重要程度进行组卷。征地拆迁工作总结、征用土地报批文件及红线图、征地拆迁会议纪要及土地证,以工程项目为单元分别进行组卷。征地、拆迁补偿和协议书以乡(镇)为单元进行组卷。

2.4　公路工程建设管理文件

【基　础】

◆**工程概况表**

(1)《工程概况表》是对工程基本情况的描述。它包括单位工程的工程内容、结构类型、主要工程量、主要施工工艺等。工程概况表的样式,见表2.10。

(2)《工程概况表》由施工单位填写,施工单位、档案馆各保存一份。

(3)工程名称应填写全称,且应和建设工程规划许可证、施工许可证以及施工图纸中的工程名称一致。

(4)结构类型应结合工程设计要求,做到重点突出。

表 2.10 工程概况表

工程名称		监理单位	
承包单位		建设地点	
监督单位		工程造价	
开工日期		计划竣工日期	
施工许可证号		设计单位	
建设单位		勘察单位	
施工单位	名称		单位负责人	
	工程项目经理		项目技术负责人	
	现场管理负责人			
工程内容			
结构类型			
主要工程量			
主要施工工艺			
其他			

◆项目大事记

(1)内容。

1)开、竣工日期。

2)停、复工日期。

3)中间验收及关键部位的验收日期。

4)质量、安全事故。

5)获得的荣誉;重要会议。

6)分承包工程招投标、合同签署。

7)上级及专业部门检查、指示等情况的简述。

(2)《项目大事记》由施工单位填写,建设单位、施工单位、档案馆保存。项目大事记表格的样式,见表 2.11。

表 2.11 项目大事记

承包单位				合同号	
监理单位				编号	
序号	年	月	日	内容	
技术负责人				整理人	

【实　务】

◆工程概况表填写范例

工程概况表填写范例,见表2.12。

表2.12 工程概况表

工程名称		××公路工程	监理单位	××监理公司
承包单位		××集团有限公司	建设地点	××省××市××县
监督单位		××质量监督站	工程造价	325万元
开工日期		2010年4月1日	计划竣工日期	2010年5月5日
施工许可证号		×××	设计单位	××勘察设计研究院
建设单位		××公路发展公司	勘察单位	××勘察设计研究院
施工单位	名称	××集团有限公司	单位负责人	张××
	工程项目经理	赵××	项目技术负责人	吴××
	现场管理负责人	徐××		
工程内容		线路全长:5 km(路基、路面、桥梁、涵洞、隧道)		
结构类型		沥青混凝土路面		
主要工程量		路基土石方:3.5万 m^3 沥青混凝土路面:4.2万 m^2 大桥:1座,8~35 m 隧道:左右线各1座 涵洞:2座		
主要施工工艺		大桥:后张法预应力T型梁　隧道:矿山法		
其他				

◆项目大事记填写范例

项目大事记填写范例,见表2.13。

表2.13 项目大事记

承包单位	××集团有限公司			合同号	×××
监理单位	××监理公司			编号	×××
序号	年	月	日	内容	
01	2010	4	1	××公路工程开工,各单位领导人参加了开工典礼	
02	2010	5	5	××公路工程全部竣工、监理验收合格	
技术负责人	汪××		整理人	李××	

第3章 公路工程监理资料

3.1 监理资料概述

【基　础】

◆ **监理资料的内容**

监理文件与资料包括监理管理文件、质量监理文件、施工安全监理及环保监理文件、费用监理文件、进度监理文件、合同管理文件与工程监理月报、监理工作报告、监理日志、会议纪要、巡视记录、旁站记录、监理工作指令、工程变更令、工程分项开工的申请批复、试验抽检的原始记录等。

(1) 监理管理文件与资料。监理管理文件与资料包括监理计划、监理细则等。

(2) 质量监理文件与资料。质量监理文件与资料包括质量监理措施、规定及往来文件、试验检测资料、监理抽检资料、交工验收工程质量评定资料。

(3) 施工安全监理与环保监理文件。施工安全监理与环保监理文件包括安全管理的规章制度、措施、会议记录、检查结果、安全事故的有关文件及施工环境保护规划、环境保护措施、环境保护检查等。

(4) 费用监理文件与资料。费用监理文件与资料包括各类工程支付文件、工程变更有关费用审核工作及工程竣工决算审核意见书等。

(5) 进度监理文件与资料。进度监理文件与资料包括进度计划审批、检查、调整的有关文件,工程开工、复工令及工程暂停令等。

(6) 合同管理文件与资料。合同管理文件与资料包括施工单位办理保险的有关文件、延期索赔申请、分包资质资料、延期和索赔的批准文件、价格调整申请以及批准文件等。

(7) 工程监理月报。监理工程师每月要向建设单位和上级监理机构报送工程监理月报,其内容包括本月工程概述,工程质量、进度、安全、环保、支付、合同管理的其他事项,合同执行情况,存在的问题,本月监理工作小结等。

(8) 监理工作报告。工程结束时,监理工程师需提交监理工作报告,其内容包括工程基本情况,监理机构及工作起止时间,投入的监理人员、设备和设施。有关工程质量、安全、环保、费用、进度监理及合同管理执行情况,分项、分部、单位工程质量评估,工程费用分析,工程建设中存在问题的处理意见和建议。

◆ **监理资料管理程序**

公路监理资料管理程序如图3.1所示。

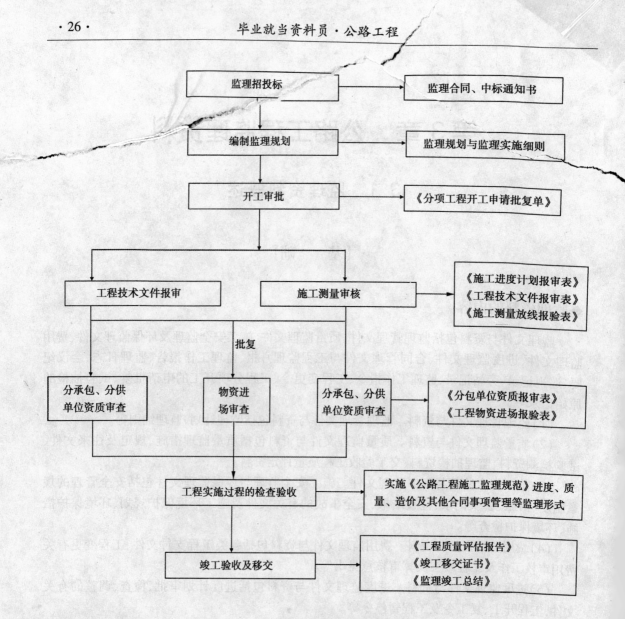

图3.1 监理资料管理程序图

【实　务】

◆ 监理规划

监理规划是监理单位接受业主委托并签订工程建设监理合同后,根据监理合同,在监理大纲的基础之上,结合项目的具体情况,在广泛收集工程信息和资料的情况下,制定出的指导整个项目监理组织开展监理工作的技术组织文件,其主要包括以下内容。

(1)工程项目概况。工程项目概况包括工程项目名称、地点、组成,建筑规模、预算投资、工期,以及设计、施工承包单位等内容。

(2)工程项目建设监理范围和目标。

工程项目建设监理范围是指监理单位所承担任务的工程项目建设监理的范围。

工程项目建设监理目标是指监理单位所承担的工程项目的监理目标,常以工程项目的建设投资、进度、质量三大控制目标来表示。

(3)工程项目建设监理工作内容。

1)施工质量控制。

2)施工进度控制。

3)施工投资控制。

4)合同管理。

(4)控制目标和措施。

1)投资控制:投资目标分解,投资使用计划,投资控制的工作流程与措施,投资目标的风险分析,投资控制的动态比较。

2)进度控制:项目总进度计划,总进度目标的分解,进度控制的工作流程与措施,进度目标实现的风险分析,进度控制的动态比较,进度控制表格。

3)质量控制:质量控制目标的描述,质量控制的工作流程与措施,质量目标实现的风险分析,质量控制状况的动态分析,质量控制表格。

4)合同管理:合同管理的工作流程与措施,合同执行状况的动态分析,合同争议调解与索赔程序,合同管理表格。

5)信息管理:信息流程图,信息分类表,信息管理的工作流程与措施,信息管理表格。

6)组织协调:与工程项目有关的单位,协调分析,协调工作程序,协调工作表格。

(5)监理组织。

1)监理组织机构框图。

2)监理人员名单。

3)职责分工。

职责分工包括项目监理组织职能部门的职责分工,各类监理人员的职责分工。

(6)项目监理工作制度。

1)项目监理工作制度包括图纸会审及设计审核制度,施工组织设计审核制度,工程开工申请制度,工程材料、半成品质量检验制度,分项(部)工程质量验收制度,单位工程、单项工程中间验收制度,设计变更处理制度,现场协调会及工地会议纪要签发制度,施工备忘录签发制度,施工现场紧急情况处理制度,计量支付制度,工程索赔签审制度等。

2)项目监理组织内部工作制度包括监理组织工作会议制度,对外行文审批制度,监理工作日志制度,监理旬、月报制度,档案管理制度,监理费用预算制度等。

◆ 监理细则

监理细则是在项目监理规划的基础之上,由项目监理组织的各有关部门根据监理规划的要求,在部门负责人的主持下,针对所承担的具体监理任务,结合项目具体情况及掌握的工程信息制定的指导具体监理业务实施文件。其主要内容有专业工程的特点、监理工作流程、监理工作的控制要点及目标值、方法及措施。

3.2 质量控制文件

【基 础】

◆ **质量控制程序**

在开工之前,监理工程师应向承包人提出适用于所有工程项目进行质量控制的程序和说明,以供所有监理人员、承包人的自检人员及施工人员共同遵循,使质量控制工作程序化。质量控制应按以下程序进行。

(1)开工报告。在各单位工程、分部工程或分项工程开工前,驻地监理工程师应要求承包人提交工程开工报告,并进行审批。工程开工报告需提出工程实施计划和施工方案,依据技术规范列明本项工程的质量控制指标及检验频率和方法,说明材料、设备、劳力及现场管理人员等准备情况,提供放样测量、标准试验、施工图等必要的基础资料。

(2)工序自检。监理工程师应要求承包单位的自检人员,按照专业监理工程师批准的工艺流程和工序检查程序,在每道工序完工以后进行自检,自检合格后,报请专业监理工程师进行检查认可。

(3)工序检查认可。专业监理工程师应紧接承包人的自检,或在承包人自检的同时,对每道工序完工后进行检查验收并签认,对于不合格的工序,应要求承包人进行缺陷修补或返工。前道工序未经检查认可,后道工序不可进行。

(4)中间交工报告。当工程的单位、分部或分项工程完工后,承包单位的自检人员应再次进行系统的自检,汇总各道工序的施工检验记录和抽样试验结果提出交工报告。对于自检资料不全的交工报告,专业监理工程师应拒绝验收。

(5)中间交工证书。专业监理工程师应对按工程量清单分项完工的单项工程进行一次系统的检查验收,必要时还应作测量或抽样试验。检查合格之后,提请驻地监理工程师签发《中间交工证书》。未经中间交工检验或是检验不合格的工程,不可进行后继工程项目的施工。中间交工证书,见表3.1。

(6)中间计量。对填发了《中间交工证书》的工程,才能进行计量。完工项目的竣工资料不全可暂不计量支付。

第3章 公路工程监理资料

表3.1 中间交工证书

编号_____

承包单位	
监理单位	

下列工程已完成,申请交验,以便进行下步作业

工程内容:

桩号		日期		承包人签字	
监理工程师收件日期:		签字:			
结论:					

		监理工程师		日期:	
承包人收件日期:		签字:			

◆现场质量控制

1. 监理试验室组建要求

监理试验室应当根据工程类型、规模、标准、复杂程度以及监理服务合同的规定组建。通常可以参考图3.2组建总监理工程师办公室或驻地监理工程师办公室试验室。

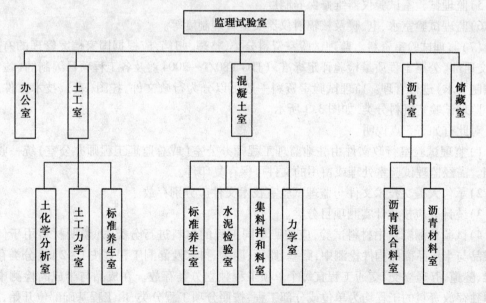

图3.2 监理工程师试验室设置

(1)监理试验室面积。监理试验室面积应根据工程实际情况确定。通常20~30 km的高速公路(含路基、路面、桥涵及其他工程)项目应不小于150 m²。

(2)监理试验室人员。监理试验室人员应根据工程项目及监理服务合同确定。通常20~30 km的高速公路(含路基、路面、桥涵及其他工程)应不少于6人,约占监理人员总数的1/4左右。公路工程监理试验室的试验监理工程师,应有交通部或交通厅(局)颁发的试验工程师证书;试验监理员应有交通厅(局)颁发的上岗证;所有人员均应经过专业的试验培训和考核,应具备适应监理试验室工作的专业理论知识和能力。

(3)监理试验室仪器。仪器配置,应根据工程类型、工程规律需要及监理服务合同规定配置。通常20~30 km的公路工程(含路基、路面、桥涵及其他工程),应配备土工类试验、水泥类试验、砂石集料类试验、钢材类力学试验、水泥混凝土试验、沥青及沥青拌和料类试验仪器,满足对整个施工过程进行数据采集和控制的需要。试验仪器要有政府监督部门定期进行计量鉴定,并颁发合格证书。

(4)监理试验室的资质。监理试验室组建完毕以后(人员到位、仪器设备安装调试鉴定完毕),应向交通厅(局)质量监督部门申请临时资质,经验收合格,并颁发临时资质证书后,才能开展正常试验工作。

(5)监理试验室交通设备。监理试验室交通设备应当根据工程需要和监理服务合同的规定,配备不少于1.5~2.5 t两用汽车一辆。

(6)监理试验室规章制度。监理试验室应建立健全的规章制度,加强工作管理。主要规章制度应有。

1)监理试验室人员岗位职责。
2)监理试验室仪器使用制度。
3)监理试验室仪器操作规程。
4)监理试验室试验资料管理办法。
5)监理试验室试验仪器维修保养制度。
6)监理试验室水、电、暖及核辐射仪器安全管理制度等。

(7)监理试验室资料。监理试验室资料分类、整理、归档,应根据国家档案管理的有关规定,交通部《公路工程质量检验评定标准》(JTG F80/1—2004),及各工程项目编制的《竣工资料编制要求》进行管理。监理试验室资料一般可以分为行政文件、挂图(表)、技术文件三大类。监理试验室资料分类,如图3.3所示。

对此有如下5点说明。

1)监理试验室行政文件由驻地监理工程师办公室(或总监理工程师办公室)统一收发、存档。需经监理试验室处理或留用的文件可保存复印件。
2)承包人提交技术文件与监理试验室技术文件应分别存放。
3)统计表应按统计实测项目分类。
4)试验检测资料中材料试验,应按照不同工程的材料进行分类,并说明材料用于何处。在成品与半成品商品构件检测中,路基、路面、防护、排水及涵洞工程宜按1~2 km分类存放;桥梁、隧道、互通立交、交通工程宜每个单项工程独立分类存放。在成品与半成品检测中,每个单独存放资料的工程均为单位或分部工程,按照分项工程分类,由工程基础部位开始,由下而上逐一存放资料。

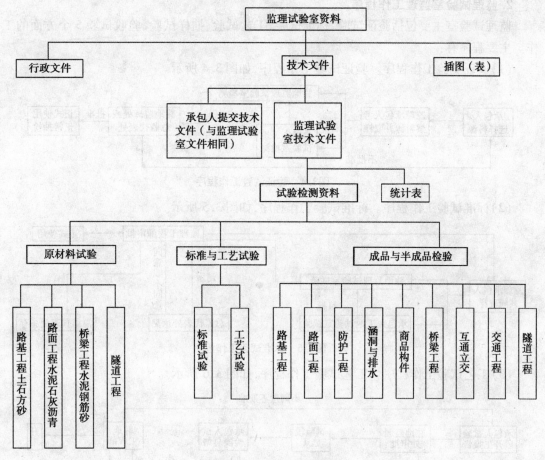

图3.3 监理试验室资料分类

(8)监理试验室主要试验项目。监理试验室的主要试验检测项目,应根据工程类型及工程复杂程度来选定。凡用于永久性工程的材料、半成品、成品均应进行检测试验。监理试验室应进行如下施工项目试验检测。

1)公路工程用水泥及水泥混凝土。

2)公路工程用石料。

3)公路工程用金属。

4)公路工程用土工。

5)公路路面基层材料。

6)公路工程沥青及沥青混合料。

7)公路工程水质分析。

8)其他。

在施工监理中检测频率低、检测方法复杂、检测专业性强的项目应列为非常规检测项目,并委托有资质的科研单位或专业检测部门试验检测。

委托检测单位应由监理试验室派人对其资质、人员、检测标准、检测仪器以及信誉进行考查,并将考查结果报送给驻地监理工程师(或总监理工程师办公室)认可后确定。

2. 监理试验室监理工作程序

监理试验室主要包括验证试验、标准试验、工艺试验、抽样试验、验收试验5个方面的工作。主要程序有：

(1)验证试验工作程序。验证试验工作程序，如图3.4所示。

图3.4 验证试验工作程序

(2)标准试验工作程序。标准试验工作程序，如图3.5所示。

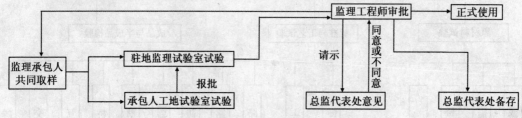

图3.5 标准试验工作程序

(3)工艺试验工作程序。工艺试验工作程序，如图3.6所示。

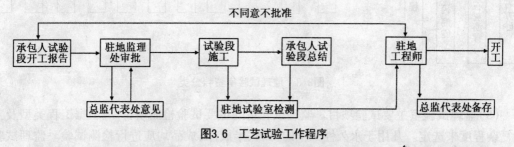

图3.6 工艺试验工作程序

(4)抽样试验、验收试验的工作程序。抽样试验、验收试验的工作程序，如图3.7所示。

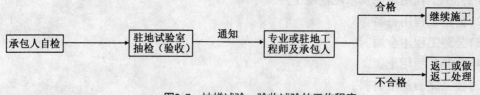

图3.7 抽样试验、验收试验的工作程序

3. 施工准备阶段的主要监理工作

(1)监督承包人组建工地试验室。

承包人应根据工程类型、规模、复杂程度及其工程合同书承诺组建工地试验室，保证完成技术规范中所列的常规试验和检测，并对流动试验室进行指导和监督。在基层拌和站、水泥混凝土预制场、沥青混合料拌和场等地分别建立一个或多个工地试验室，组建工地流动验收检测组。承包人工地试验室(流动试验室)，如图3.8所示。

承包人工地试验室的面积应大于监理试验室,人员应是监理试验室的4~5倍。工地试验室(流动试验室)的人员均应经过专业培训,持证上岗;试验室负责人要有较好理论基础知识及同类工程的经历。

承包人工地试验室需取得临时资质;仪器种类和监理试验室相同,但数量应多于监理试验室;需配备一辆或多辆客货两用汽车,用于工地取样和检测;资料管理,规章制度和监理试验室基本相同,工地试验室应制定出对流动试验室的指导、监督、管理以及试验资料的统计、整理、存放、查阅制度。

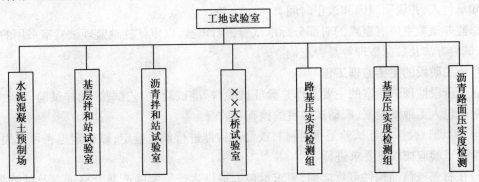

图 3.8 承包人工地试验室(流动试验室)

驻地监理处应组织试验工程师及有关人员在工程开工之前(正式开展试验前)对承包人工地试验室、流动试验室面积、人员、资质、仪器、交通条件、规章制度、资料保管同工程要求的符合性等组建情况进行一次全面验收,认可后方可投入使用。

(2)检查承包人的进场材料。承包人在正式开工前,通常都要事前采备材料。监理试验室可以对其标准、料源、运输、贮存、检测五个环节中的标准、料源、检测三个方面进行监督,并协助现场监理人员对材料运输、贮存等进行监理。

1)明确检测标准与方法。对材料试验规程中列举的一项或多项试验方法或现有技术规范、试验规程中没有规定试验检测标准和方法的新材料、新工艺、新技术,均应由试验工程师审查,报驻地监理工程师(或总监理工程师)批准后确定。通常,有不同的检测方法和技术标准的试验检测项目,应明确本工程采用的方法和标准;新材料、新工艺、新技术或是其他没有现成标准的项目,试验工程师应要求承包人(或设计单位)提供相关的科技资料和鉴定报告,拟定符合工程实际的暂行标准或规程,报驻地监理工程师(或总监理工程师)批准后再使用。

2)选择料源监理。承包人应约试验工程师(一般地材由驻地监理处试验室参加;重要、大宗的建材由驻地监理处与总监办共同参加),对拟定料源的产量、质量等作全面的考查并取样,分别试验合格以后,由承包人将检测资料送监理试验室,审查同意后,经驻地监理工程师(或总监)批准后进料。

3)按频率进行抽检。经承包人自检的进场材料,监理试验室应按照有关规定对承包人自检成果自行抽检。如有不合格材料,应通知驻地监理工程师和承包人清出工地。

(3)审批承包人标准试验。承包人在工程开工前应,对各种集料的级配试验、混合料配合比试验、击实试验、结构强度试验等进行标准试验,报送监理工程师批准后施工。

标准试验由承包人和监理工程师共同取样,一式两份,分别试验。取样时还应对料源情况,材料使用数量、使用部位、取样的代表性作充分的了解,一般应对进场的材料作全面的取样,如水泥、钢材按国家规定的取样方法;土样按不同地点、不同深度取样;砂石材料按不同料场、不同部位分别取样。用材料分样机或四分法将材料分为两份,由承包人和监理试验室分别试验。可先由承包人完成试验,将试验结果提交监理试验室作平行试验复核;也可由承包人与监理试验室一起,按事前拟定好的试验方法进行试验。试验过程中,监理试验室需派人对承包人的试验过程进行旁站监理。

试验监理工程师应对照监理试验室试验结果来审查承包人的试验成果,审查合格后征求总监办试验室意见,报驻地监理工程师批准投入使用。若审查不合格,试验监理工程师应及时通知承包人,并说明原因和改正时间。

总监办试验室应有重点的对部分标准试验进行审核,以审核驻地监理试验室采用的技术标准、试验方法及数据整理等是否正确。

4. 施工阶段的主要监理工作

施工阶段监理试验室的主要工作是验证试验、标准试验、工艺试验、抽样试验、验收试验以及对承包人工地试验室、流动试验室的检查和监督。

(1)验证试验。验证试验是指对材料或商品构件进行预先鉴定,以确定是否可以用于工程。验证试验应按以下要求进行。

1)在材料或商品构件订货之前,要求承包人提供生产厂家的产品合格证书及试验报告。必要时,监理人员还应对生产厂家的生产设备、工艺以及产品的合格率进行现场调查了解,或由承包人提供样品进行试验,以决定是否同意采购。

2)材料或商品构件运入现场后,应按规定的批量或频率(不低于承包人自检频率的10%~20%)进行抽样试验,不合格的材料或商品构件不允许用于工程,并应要求承包人运至场外。

3)在施工进行中,应随机对材料或商品构件进行复核性的抽样试验检查。

4)随时监督检查各种材料的储存、堆放、保管及防护措施。

(2)标准试验。标准试验是对各项工程的内在品质进行施工前的数据采集,它是控制和指导施工的科学依据。标准试验包括各种标准击实试验、集料级配试验、混合料配合比试验、结构强度试验等。应按以下要求进行。

1)在工程开工前,按合同规定或在合理的时间内,承包人应先完成标准试验,并将试验报告和试验材料提交监理试验室审查。试验监理工程师还应派出试验监理人员参加承包人试验的全过程,并进行有效的现场监督检查。

2)监理试验室应在承包人进行标准试验的同时或之后进行对比试验,以肯定、否定或调整承包人标准试验的参数或指标。

(3)工艺试验。工艺试验是根据技术规范的规定,在工程动工之前对路基、路面及其他需要通过预先试验后才能正式施工的分项工程工艺试验,依照试验结果全面指导施工。工艺试验应按以下要求进行。

1)监理工程师应对承包人提出的工艺试验施工方案和实施细则审查批准,施工方案必须与实际施工一致。

2)工艺试验的机械组合、人员配额、工程材料、施工程序、预埋观测以及操作方法等均应有两组以上的方案,以便通过试验比较选择。

3)监理工程师需对承包人的工艺试验进行全过程的旁站监理,并做详细记录。

4)试验结束后,需对承包人提出的试验报告及完善施工方案采取的措施进行审查,经监理工程师批准后,再进行施工。

(4)抽样试验。抽样试验是对各项工程实施中的实际内在品质进行符合性检查。内容包括各种材料的物理性能、混凝土及沥青混凝土的强度、土方及其他填筑施工的密实度等的测定试验,抽样试验应按以下要求进行。

1)监理工程师应派出试验人员随时对承包人的各种抽样频率、取样方法和试验过程进行检查。

2)在承包人工地试验室(流动试验室)按照技术规范规定频率抽样试验的基础之上,监理试验应按不低于规定频率独立抽样试验,鉴定承包人的抽样试验结果是否真实可靠。

3)若施工现场的旁站监理人员对施工质量或材料产生疑问或提出要求,监理试验室应随时进行抽样试验,必要时还应要求承包人增加抽样频率。

(5)验收试验。验收试验是指对各项已完工工程的实际内在品质做出评定。验收试验应按以下要求进行。

1)监理工程师派出试验监理人员,对承包人进行试验的频率,抽样方法和试验过程进行有效的监督。

2)监理工程师应对承包人按照技术规范要求进行的加载试验或其他检测试验项目的试验方案、设备及方法进行审查批准,对试验的实施进行现场检查监督,对试验结果进行评定。

(6)仲裁试验成果争议。对监理试验室与承包人试验室试验检测结果,应以监理试验室成果为准。若有争议,可由监理试验室和承包人试验室共同重做试验检测,或委托有资质的专业试验检测单位进行校核试验,并以此结果为准。

(7)对承包人工地试验室(流动试验室)管理。监理试验室应对承包人的工地试验室和流动试验中的设备功能,标定人员变更和到岗,操作方法的规范性以及资料管理等项工作进行有效监督检查和管理。

【实　务】

◆质量缺陷的现场处理

在各项工程的施工过程中或完工以后,现场监理人员若发现工程项目存在着与技术规范所不允许的质量缺陷,应当根据质量缺陷的性质和严重程度,按如下方式处理。

(1)当质量缺陷尚处在萌芽状态时,要及时制止,并要求承包人立即更换不合格的设备、材料或不称职的施工人员;或要求立即改变不正确的施工方法和操作工艺。

(2)当质量缺陷已出现时,应立即向承包人发出暂停施工的指令(先口头后书面),待承包人采取了足以保证施工质量的有效措施,并对质量缺陷进行正确补救处理之后,再书面通知恢复施工。

(3)当质量缺陷发生在某道工序或是在单项工程完工以后,且质量缺陷的存在会对下道工序或分项工程产生质量影响时,监理工程师宜在对质量缺陷产生的原因和责任做出了判定,并确定了补救方案后,再进行质量缺陷的处理。

(4)若是在交工后的缺陷责任期内发现质量缺陷,监理工程师应及时要求承包人进行修补、加固或返工处理。

◆ 质量缺陷的修补与加固

（1）对因施工原因而产生的质量缺陷的修补和加固，应先由承包人提出修补方案和方法，经监理工程师批准后进行；对因设计原因而产生的质量缺陷，应通过业主提出处理方案和方法，由承包人进行修补。

（2）修补措施及方法应不降低质量控制指标和验收标准。

（3）如果已完工工程的缺陷并不构成对工程安全的危害，且能满足设计和使用要求时，征得业主的同意后，可不进行加固或变更处理。若工程的缺陷属于承包人的责任，应通过与业主同承包人协商，以降低对此项工程的支付费用。

◆ 质量事故的划分及处理

（1）质量事故的划分。公路工程质量事故分为质量问题、一般质量事故及重大质量事故三类。

1）质量问题。质量问题是指质量较差、造成直接经济损失（包括修复费用）在20万元以下。

2）一般质量事故。一般质量事故是指质量低劣或达不到合格标准，需要加固补强，直接经济损失（包括修复费用）在20万~300万元之间的事故。一般质量事故分为三个等级：一级一般质量事故（直接经济损失在150万~300万元之间）、二级一般质量事故（直接经济损失在50万~150万元之间）、三级一般质量事故（直接经济损失在20万~50万元之间）。

3）重大质量事故。重大质量事故是指责任过失造成工程倒塌、报废和造成人身伤亡或是重大经济损失的事故，重大质量事故分为以下三个等级。

①具备下列条件之一者为一级重大质量事故：死亡30人以上；直接经济损失在1 000万元以上；特大型桥梁主体结构垮塌。

②具备下列条件之一者为二级重大质量事故：死亡10人以上，29人以下；直接经济损失在500万元以上，但不满1 000万元；大型桥梁主体结构垮塌。

③具备下列条件之一者为三级重大质量事故：死亡1人以上，9人以下；直接经济损失在300万元以上，但不满500万元；中小型桥梁主体结构垮塌。

（2）质量事故发生以后，事故发生单位必须以最快的方式将事故的简要情况向建设单位、监理单位、质量监督站报告。

1）质量问题。问题发生单位应在2天之内书面上报建设单位、监理单位、质量监督站。

2）一般质量事故。事故发生单位应在3天内书面上报质量监督站，同时还应上报企业上级主管部门、建设单位、监理单位和省级质量监督站。

3）重大质量事故。事故发生单位必须在2 h内速报省级交通主管部门及国务院交通主管部门，同时还应报告给省级质量站和部质监总站，并在12 h内报出《公路工程重大质量事故快报》，质量事故书面报告内容有：

①工程项目名称，事故发生的时间、地点，建设、设计、施工、监理等单位名称。

②事故发生的简要经过、造成工程损伤状况、伤亡人数及直接经济损失的初步估计。

③事故发生原因的初步判断。

④事故发生后采取的措施及事故控制情况。
⑤事故报告单位。

若公路工程在施工期间或缺陷责任期内出现了质量问题,监理工程师应要求承包人尽快提出质量事故报告,并暂停该工程的施工,同时还应组织有关人员对事故现场进行审查、分析、诊断、测试或验算。在此基础上,对承包人提出的处理方案进行审查、修正、批准,并指令恢复该项工程施工。监理工程师还应对承包人提出的有争议的质量责任事故做出判定。在分清技术责任后,需明确事故处理的费用数额,承担比例及支付方式。

3.3 合同管理文件

【基　础】

◆合同管理的主要工作任务与内容

(1)合同管理的主要工作任务是要求监理工程师从投资、进度、质量目标控制的角度出发,依照有关政策、法律、规章、技术标准和合同条款来处理合同问题。

(2)合同管理的主要内容包括施工阶段的工程变更、延期、索赔、争端与仲裁、违约、分包与转让、保险与保函工作。

◆监理工程师在合同管理方面的职责

(1)主持开工前的第一次工地会议及施工阶段的常规工地会议,并签发会议纪要;有权参加施工单位为实施合同组织的有关协议。

(2)根据工程实际情况,监理工程师有没有按施工合同文件规定的变更范围对工程或其任何部分的形式、数量、质量以及任何工程施工程序做出的变更决定,确定变更工程的单价和价格,并下达变更令。对于施工合同中规定的较大变更,由监理工程师审查后报建设单位核批。

(3)对施工单位提出的竣工期延长或费用索赔,有责任就其申述的理由查清全部情况,并根据合同条款审核延长的工期或索赔的款额,经建设单位批准后发出通知。

(4)监理工程师必须认真审查施工单位的所有分包人的资格及分包工程的类型、数量,提出建议报建设单位核准。

(5)监理施工单位主要技术,管理人员的构成、数量与合同所列的名单是否相符;对不称职的主要技术和管理人员,监理工程师有权提出更换要求。

(6)对施工单位进场的主要机械设备的数量、规格、性能按照合同的有关要求进行监督、检查。若是由于机械设备的原因影响工程的工期、质量,监理工程师有权提出更换或停止支付费用。

(7)督促建设单位及时妥善完成合同规定的责任事项和法定承诺。

◆工程变更

在工程实施过程中,因工程项目自身的性质和特点,或因设计图纸的深度不够,或不可预见的自然因素和环境情况的变化,或第三方的干预和要求,或合同双方当事人为工程进展着想等,都会引起工程变更。工程变更既包括工程进展中形式的、质量的或数量的变更,又包括合同方面的变更。

1. 有关规定

任何工程的形式、质量、数量和内容上的变动,都必须由监理工程师签发工程变更令,且应由监理工程师监督承包人实施。监理工程师认为有必要根据合同有关规定变更工程时,应征得业主同意。由业主提出变更时,监理工程师应根据合同的有关规定办理。承包人请求变更时,监理工程师必须审查,必要时还需报业主,等业主同意后,再根据合同有关规定办理。监理工程师就颁布工程变更令而引起的费用增、减,与业主和承包人进行协商,确定变更费用。

2. 受理程序

(1)接受变更提出方的工程变更通知或申请,主要包括内容如下。

1)变更的工程项目、部位或合同某文件内容。

2)变更的原因、依据及有关的文件、图纸、资料。

3)工程变更对质量、进度、费用、施工环境等相关方面的估价影响。

(2)资料搜集、勘察现场。监理工程师应根据工程变更通知或申请,搜集相关合同文件、水文地质、地形、施工记录及其有关的法规规定等资料,并对施工现场进行调查或补充勘察,以确定工程数量。

(3)协商价格并进行费用评估。监理工程师应同承包人和业主就工程变更费用的评估及确定支付的单价进行协商,对协商一致的单价可视为工程支付单价,并确定变更费用。在意见不易统一时,监理工程师应确定最终的价格。

(4)签发《工程变更令》。在变更资料齐全、变更费用确定后,监理工程师应根据合同规定,签发《工程变更令》。工程变更令格式,见表3.2。

表3.2 工程变更令

编号_____

承包单位	
监理单位	

变更理由及详细说明：

变更项目	单价/元	估计变更数量	估计变更金额/元

监理工程师(签字)： 年 月 日

3.归档内容和组卷要求

(1)归档内容。工程变更令和附件。其中，附件包括变更前后的图纸，业主、承包人、监理方面的会议、会谈记录与文件，有关设计部门对变更的意见，有关部门、上级主管单位的文件，承包人的预算报告，确定工程数量及单价的证明资料等。

(2)组卷要求。工程变更以单位工程为单元组卷。若工程变更资料比较多，也可单项变更组卷。公路工程变更审批样表，见表3.3。

表 3.3 公路工程变更审批表

编号_____

工程名称		日期		
桩号		合同号		
变更原因				
变更内容				

处理意见	承包单位	
	驻地工程师	
	总监代表处	
	设计单位	
	业主代表处	
	业主	

承包单位负责人（签字）	设计单位（签字）	驻地工程师（签字）	总监代表处（签字）	业主代表处（签字）	业主（签字）

【实　　务】

◆工程分包、转让或指定分包

1. 分包

（1）有关规定。

1）监理工程师应严禁承包人将大部分工程分包出去或层层分包。

2）工程分包由承包人提出申请，监理工程师应遵照合同规定进行审查，并按规定办理分包工程手续，办理完分包手续后，承包人才能将部分工程分包出去。分包申请报告单，见表3.4。

表3.4 分包申请报告单

编号_____

承包单位	
监理单位	

分包单位名称		负责人	

分包理由：

承包人：

项目号	分包工程名称	单位	数量	单位	分包金额	占合同总金额的比例/%
		合计				
分包工程开工日期						
分包工程竣工日期						

附件：分包人资质、经验、能力和工程质量、信誉情况、财务和设备状况，主要人员经历等资料

驻地工程师意见	
总监理工程师意见	

3）监理工程师对分包的批准并没有解除承包人根据合同规定所应承担的任何责任和义务。

（2）审批分包。监理工程师应从以下几个方面审查承包人分包工程的申请报告。

1）分包人的资格情况及证明。包括企业概况、财务状况、参加分包工程人员的资历以及施工机械状况等。

2）分包工程项目及内容。

3）分包工程数量及金额。

4）分包工程项目所使用的技术规范与验收标准。

5）分包工程的工期。

6）承包人与分包人的合同责任。

7）分包协议。

（3）对分包工程的管理。监理工程师可通过承包人对分包工程进行管理，也可直接对分包工程进行检查，若发现问题，则要求承包人进行处理。

2. 转让

承包人必须征得业主同意后，才能进行合同转让。

3. 指定分包

（1）监理工程师应设专人对指定分包工程进行管理。

（2）监理工程师应要求指定分包人提交一份证明其资格情况的资料，并要求指定分包人保护和保障承包人免于承担因指定分包人的疏忽、违约造成的一切损失。

（3）监理工程师应明确指定分包工程所使用的技术规范和验收标准。

（4）监理工程师审查承包人反对指定分包人的理由。确认反对合理后，建议业主考虑承包人的反对理由，反之则应帮助业主说服承包人接受指定分包人。

4. 组卷要求

工程分包协议书及其附件以合同段为单元组卷。

◆ 工程延期

公路工程建设项目规模大、涉及面广，且还受自然和人为条件影响。工程建设过程中不可避免地会出现各种制约因素阻碍工程顺利实施，致使工程总体工期延期。

1. 有关规定

监理工程师只有确认了下述条件满足后，才能受理工程延期：

（1）由于非承包人的责任，工程不能按原定工期完工。

（2）延期情况发生以后，承包人在合同规定期限内向监理工程师提交了工程延期意向。

（3）承包人承诺继续按照合同的有关规定向监理工程师提交有关延期的详细资料，并根据监理工程师的需求随时提供有关证明。

（4）延期事件终止后，承包人应在合同决定的期限内，向监理工程师提交正式延期申请报告。

2. 延期的主要类型

（1）额外的或附加的工作。

（2）异常的恶劣气候条件。

（3）由业主造成的延误、妨碍、阻止。

（4）不是承包人的过失和违约。

（5）合同中所规定的任何延误原因。

3. 临时延期

若影响延期的事件有连续性，监理工程师应在收到并确认承包人提交的临时报告之后，先给予临时延期。在收到并确认承包人的正式延期申请后，再给予该事件的最终延期，但最终延期不许少于累计的临时延期。

4. 受理程序

（1）收集资料，做好记录。监理工程师应在收到承包人的延期意向之后，做好工地实际情况的调查和日常记录，收集来自于现场以外的各种文件资料和信息。

（2）审查承包人的延期申请。监理工程师在收到承包人正式的延期申请后，主要从以下几个方面进行审查。

1）延期申请的格式是否满足监理工程师的要求。

2）申请延期的合同依据是否准确。

3）申请延期的理由是否正确与充分。

4)申请延期天数的计算原则与方法应恰当。

监理工程师应依据现场记录的有关资料,对承包人的延期申请提出审查意见,并同业主和承包人进行协商。

(3)审查报告主要由以下文件组成。

1)正文。受理承包人延期申请的工作日期、工程简况确认的延期理由及合同依据,经调查、讨论、协商、确认的延期测算方法及由此确认的延期天数、结论等。

2)附件。承包人的延期申请及有关的文件、资料、证明等。

(4)批准延期。监理工程师应在确认其结论后,签发《索赔时间/金额审批表》,以确认其工程延期。索赔时间/金额审批表,见表3.5。

表3.5 索赔时间/金额审批表

编号_____

承包单位			
监理单位			
索赔项目			
上报日期		收受日期	
申请延期天数		申请索赔金额	
批准延期天数		批准索赔金额	

索赔金额和延期累计:

截至目前索赔累计		此项索赔		所有索赔累计
金额 天数	=	金额 天数	+	金额 天数

附件:

监理工程师:

5. 归档内容和组卷要求

《索赔时间/金额审批表》和审查报告以事件为单元组卷。

3.4 工程进度控制文件

【基　　础】

◆ **进度计划的编制依据及内容**

（1）进度计划的编制依据。

1）施工承包合同中规定的总工期，开工日期和竣工日期，各单项（单位）工程的控制工期及阶段工期要求。

2）合同中确认的工程进度计划及施工方案。

3）主要材料和设备的采购合同及供应计划。

4）工程现场的特殊环境及气候条件。

5）施工人员和组织管理人员的素质及设备能力。

6）已建成的同类工程的实施进度及经济指标等。

（2）根据项目实施的不同阶段，承包商编制总体进度计划及年、月进度计划；对于起控制作用的重点项目，应单独编制进度计划。

1）总体进度计划的内容。

①工程项目的总工期。

②完成各单位工程及各施工阶段所需要的工期、最早开始和最迟结束的时间。

③各单位工程及各施工阶段需要完成的工程量及投资额。

④各单位工程及各施工阶段所需要配备的人力和设备数量。

⑤各单位或分部工程的施工方案和施工方法等。

2）年进度计划的内容。

①本年计划完成的单位（单项）工程、工程项目内容、工程数量及投资指标。

②施工队伍和主要施工设备的转移顺序，包括上年度工料机使用统计，本年度投入计划。

③不同季节及气温条件下各项工程的时间安排。

④上年度完成的工程数量、工作量，累计完成的工程数量、工作量，完成各项工程数量和工作量的百分率，实际完成值与计划进度的比较情况。

⑤在总进度计划下对各单位（单项）工程进行局部调整或修改的详细说明。

⑥本年度拟采取何种措施来确保进度计划的按期完成等。

3）月（季）度计划的内容。

①本月（季）计划完成的分项工程内容及顺序安排。

②完成本月（季）及各分项工程的工程数量及投资额。

③完成各分项工程的施工队伍以及人力、主要设备的数量、拟进场主要材料的数量。

④上月（季）完成的工程数量、工作量，累计完成的工程数量、工作量，实际值同计划值的比较，完成的百分率。

⑤为确保年度计划的完成,对各单项(单位)工程或分项工程进行局部调整和修改的详细说明,拟采取的措施等。

4)单项工程进度计划的内容。

①本单项工程的具体施工方案和施工方法。

②本单项工程的总体进度计划及各道工序的控制日期。

③本单项工程的工程用款计划。

④本单项工程的施工准备及结束清场的时间安排。

⑤对总体进度计划及其他相关工程的控制、依赖关系和说明等。

◆进度控制的工作流程

(1)承包商编制进度计划。承包商在中标函签发日之后,在专用条款规定时间内,以监理工程师规定的格式和详细程度,向监理工程师递交一份工程进度计划。

(2)工程师审批进度计划。工程师应结合工程的具体特点、承包商的自身情况及工程所在地的环境气候条件等检查进度计划的合理性和可行性。

(3)承包商编制辅助计划。在确定进度计划后,为了确保进度计划能顺利地实施,承包商应编制年、季、月度实施计划,分项工程施工计划,劳动力、机械设备和材料的进场计划、租赁计划和采购计划。

(4)检查工程进展情况。监理工程师通过承包商的自检报告、工地会议、现场巡视、驻地监理工程师的记录和报告等途径来充分掌握工程进展的实际情况。

(5)实际进度与计划进度的对比分析。比较实际进度和计划进度,分析两者产生差别的原因及对后续工作、项目工期的影响程度。在分析结果之上,监理工程师提出建设性意见,并通知承包商采取相应措施。

(6)修订进度计划。若监理工程师认为工程的实际进度不符合已经同意的进度计划,则承包商应根据监理工程师的要求,以原定工期为限制目标,提出一份修订过的进度计划,来表明为保证工程按期竣工而对原进度计划所做的修改。如果在修订计划之前已经获得延期的批准,则可在批准之后的工期基础上修订进度计划。

(7)承包商提出加快施工进度的方案。在承包商没有任何理由要求延长工期的情况下,若监理工程师认为工程或其任何区段在任何时候的施工进度过慢,不符合竣工期限要求时,监理工程师应把这种情况通知承包商,承包商应在监理工程师的同意下,采取必要的步骤,加快工程进度,使其符合竣工期限要求。

(8)施工阶段进度监理工作流程,如图3.9所示。

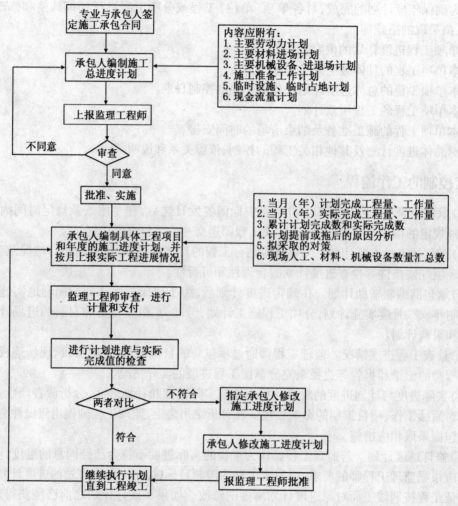

图3.9 施工阶段进度监理工作流程图

◆进度计划实施的监督

1.监督的目的

(1)检查、了解既定工程进度计划的实际执行情况,分析偏离原定计划原因及对工程工期的影响,提示有关单位采取措施,确保实际工程进度符合预定目标。

(2)根据实际情况的变化,及时合理地调整计划,确保工程施工进展协调、有序、均衡。

(3)评估承包人实际履约能力,督促承包人及时调整施工力量或建议业主适时采取措施。

2.监督的方法

(1)定期和不定期巡视工地。监理人员通过现场巡视了解工程实际进展情况,调查工程各部分与相关方面的协调关系,检查批准的工程进度计划执行情况,分析影响施工进展的因素。

1)检查频率。一般说来,总监理工程师每月应至少巡视工地一次,驻地工程师每周检查不得少于3次,项目工程师对自己所管辖的工程必须每日检查1次,并进行详细记录。

2) 检查内容。

①原定计划的完成情况,与进度计划比较。

②承包人人员、设备、材料配备、施工准备等按计划到位和落实情况。

③业主(包括设计单位)应履行义务(征地、拆迁、设计文件、资金支付等)完成情况。

④自然条件(气候、水文、地质等)变化。

⑤外界情况对工程的影响。

⑥分析实际进度与计划进度偏差的原因。

⑦对于承包人因素对工程的影响,应提出改进建议,或指令承包人采取措施。

⑧对于多个承包人同时作业中的相互干扰,应提出协调意见。属于业主责任的影响,要尽快转告业主处理。

(2) 监理记录。施工监理记录也被称为监理日志,监理人员在对工程实际进度进行检查、记录的同时,还应对施工过程中发生的涉及影响工程进展的情况进行查询并做好记录,其主要内容有:

1) 工程地点及施工项目。

2) 天气情况。

3) 当日工程的计划及实际进度、累计完成情况。

4) 实际投入的施工人员、机械数量及生产效率,施工组织状况。

5) 相关工程的进展情况及对本工程影响。(当施工进度影响停滞人力、机械数量及其原因)

6) 发生影响施工的特殊事件的经过及原因。监理人员,特别是现场监理人员应及时、公正、真实、详细地做好监理记录,妥善保存,上级监理工程师应定期检查,以作分析、监督、调整进度计划及处理索赔的依据。

(3) 月进度检查总结、工程进度计划执行情况评估。承包人每月都应向监理工程师和业主提交月进度报告,月进度报告内容主要包括以下内容。

1) 概况或总说明。对计划执行情况提出分析。

2) 工程进度。以工程数量清单项目所列细目为单位,编制工程进度累计曲线和完成投资额进度累计曲线。

3) 工程图片。显示关键线路上施工流动及其进展情况。

4) 财务状况。主要反映承包人的现金流动,工程变更、价格调整、索赔支付及其他财务支出情况。

5) 其他特殊事项。记述影响工程进度或造成延缓的因素分析及解决措施,并附上承包人的人员、设备等资源投入情况;进度障碍;质量和技术、工程变更、社会环境及其他事宜等对工程的影响说明、财务事宜、索赔及延期要求。

(4) 监理月报。监理月报是根据工程进展情况、存在的问题每月面向业主和上级监理部门的报告。陈述已完成的主要工程分项和细目,已存在或将对工程费用、质量及工期产生实际情况影响的事件,对滞后于原计划的分项工程和细目说明延迟原因及采取解决的措施。监理月报中关于工程进度部分的主要内容有。

1) 本月工程总体进度、主要工程项目的进度情况及说明,并就主要工程项目进展与其计划进度比较。

2) 承包人的人员、设备等资源投入情况。

3）工程支付情况，本期支付、累计支付情况，计日工、暂定金、单价调整、费用索赔等。

4）进度障碍。

5）质量和技术、工程变更、建设环境及条件等对工程的影响。

6）承包人的索赔及延期要求。

7）对本月工程进度情况的分析、评价，监理工程师已经或准备采取的措施和建议。

8）附说明本月进度计划执行情况图表。

(5)进度检查与分析。进度检查与分析是用实际工程进度同计划进度比较，找出偏差，然后分析偏差对工程工期的影响。

1）横道图、S 曲线图、网络图或时标网络图分析进度计划执行情况及其影响因素。

2）针对检查、分析影响工程进展的因素，研究解决措施。

(6)工程进度滞后的督促方法。对于实际工程进度滞后于批准的计划进度，监理工程师可采取：工地会议、下达书面指令(指令增加投入或调整工序等)、在一定范围内通报情况、约见承包人代表、调控承包人作业计划，使现场施工协调，减少相互干扰、建议指定分包等办法进行督促。

工地会议是为了研究解决工程进度计划执行不力的问题，应在初步分析原因、提出改善措施后，邀请有关各方主要负责人参加。若仅是承包人原因，则可只邀请承包人项目经理、总工程师出席；若是多施工单位作业协调原因，可只邀请有关单位负责人参加；若是业主(包括设计单位)的原因，可只邀请承包人、设计单位、业主参加。

监理工程师通过对上月工程完成情况的分析总结，指出存在的问题，提出解决措施和建议，最终使合同各方达成共识，明确责任及应采取的相应措施。

书面指令是监理工程师用文件形式指出承包人执行进度计划中存在的问题，明确提出承包人应采取的措施、要求和时限。书面指令可视情况抄送业主和承包人的上级单位。若是承包人的原因造成工程进度滞后，经监理工程师督促或指令后，仍没有明显改善，监理工程师可以单独或会同业主约见承包人的法人代表，通报当前工程的进展情况以及存在的问题，提出要求和建议并形成会谈纪要，促使承包人加强管理，加大投入，以达到加快进度的目的。

(7)进度计划检查应注意的问题。

1）工程进度同工程质量并重。检查工程进度时，应是在坚持严格执行施工技术规范、保证工程质量的前提下，完成进度计划。

2）以关键路线工程进度计划执行情况作为检查重点，兼顾其他工程的进展，使工程重点突出、施工协调，以利于总体计划的完成。

3）调查分析已经存在和经预测即将或可能发生的情况对既定计划顺利执行的影响。

4）在不同施工阶段，关键线路工程项目和实施时间的可能变化，根据变化做出及时调整计划的准备。

【实　务】

◆进度计划的调整

1. 计划调整的必要性

因公路工程施工过程中受到外部各种因素的影响比较多，其实际进度同计划进度发生偏离不可避免。进度拖延或耽误超过了允许的正常范围，阶段工期和总工期目标难以实现，必须对进度计划进行调整。

进度计划的调整根据原因可分成：非承包人责任和承包人责任引起的计划进度调整。根据合同规定，非承包人责任的进度滞后，工程工期可合理延长，具体延长的时间由监理工程师根据实际情况决定并报业主批准，这种调整实际上是按新的合同工期要求重新编制进度计划。因承包人的原因造成的工程进度延误，或是进度延误因非承包人因素引起的，但业主不同意延长工期，在业主按照合同给予承包人相应补偿的前提下，工程仍按原合同工期完成，实际上是在压缩原合同工期情况下的进度计划调整。承包人为此要加大人员及设备投入，调整有关工程的工作关系和作业方法，确保工程在合同规定的工期内完成。

2. 进度计划调整方法

调整进度计划主要是调整关键线路上的施工安排，及为实现这一安排所需的技术、人力、物力的调整。

（1）获得合理延期的进度计划调整。批准延长工期的进度计划调整，是按照新规定的工期，重新编制进度计划。可在已完成工程的基础上，针对造成分项或分部工程进度延误的实际情况，对施工安排和措施进行调整。

（2）压缩工期的进度计划调整。

1）调整单项工程计划、月计划、保证阶段计划和总体计划。

为了保证阶段计划和总体计划能如期实现，在分析进度延误原因后，常在重新确定有关工程的月度进度计划时，应在一定的时限内，补偿已滞后（耽误）的工作量（或工程量）以及与其相关的人员、设备、材料和资金的投入计划，使得施工能力适应调整工程进度计划的需要。

2）为了压缩工期，可以使用网络计划，使工期优化，选择和确定能有效缩短工期、成本较低、工艺先进的关键工作项目和工作时间，采取措施保证其顺利实施在人力、物力、资金等方面的需要。

3）调整非关键线路，保证关键线路工程计划。

经优化调整确定关键线路工程项目及所需要的施工时间之后，应视需要调整非关键路线工程，以集中力量确保关键线路工程的工期。具体的做法是把有机动时间的非关键线路的机械、人员调整到关键线路的关键工序上，增开工作面，展开平行作业，缩短关键线路工程所用时间。

4）调整关键工作的组织关系，将顺序作业改成平行施工作业或流水施工作业。

（3）准确预测承包人履约能力，及时果断地采取补救措施。

1）预测承包人履约能力，应考虑以下内容。

①承包人施工管理能力与合同意识。

②施工过程中执行监理工程师提示、建议、指令的有效性。

③按调整计划调整施工组织、适时增加施工人员、机械设备、采备材料、改进工艺的可能性。

④预测承包人实际可能采取的措施落实后的实际施工能力。

2)根据承包人履约能力的预测,在调整计划中可考虑以下措施:

①承包人有能力履约,措施到位,仍由原承包人完成调整进度计划。

②承包人承诺可以完成调整进度,但因种种原因无法保证措施落实。对此,除了仍由原承包人完成调整计划之外,还应做临时增加其他承包人参加施工的准备,完成预定的工期目标。

③承包人虽已承诺,但实际却无力完成调整计划,应建议业主采取分包措施补救。

④对承包人的能力预测和采取补救措施,应充分考虑选择其他承包人及其进场、备料、设备调运、安装、调试、试验段等施工准备所需时间及不利施工季节的影响,并按照合同有关规定,与原承包人协商,明确采取措施后的各方义务和风险。

(4)承包人无力履约引起进度滞后的补救。若承包人的实际工程进度过慢,除了另有规定外,在接到监理工程师通知要求采取必要措施加快工程进度后的14天内,若承包人未能采取加快工程进度措施,使实际工程进度进一步滞后,或承包人虽采取了措施,但仍无法按交工日期交工时,监理工程师应立即通知业主,并抄送承包人。业主在向承包人发出书面警告通知14天后,可按照工程合同终止对承包人的雇用,再将本合同工程的一部分工作交给其他承包人或指定分包人完成,承包人还应承担因此所增加的一切费用。

◆进度控制中常见表格

监理工程师在进度控制中用表格式见表3.6~3.8。

表3.6 承包人每周工作计划

承包单位			编号			
监理单位			合同号			
工作计划日期:			承包人递交日期: 签字:		监理收到日期: 签字:	
计划施工项目			施工项目说明	申请监理安排		
桩号	部位	日期		检查	试验	测量

监理工程师意见:

表3.7 工程暂时停工指令

承包单位		编号	
监理单位		合同号	

停工依据：

停工范围：

停工原因：

停工日期：

停工后应做如下处理：

驻地监理工程师：

日期：

承包人：

日期：

表3.8　复工指令

承包单位		编号	
监理单位		合同号	

复工依据：

复工范围：

复工原因：

复工日期：

复工后应做如下处理：

监理工程师：

日期：

承包人：

日期：

3.5 监理信息管理

【基 础】

◆ **信息管理的概念**

1. 公路工程信息

公路工程建设范畴中的信息反映了公路工程建设的状况和规律,是对建设过程中各种数据的解释和处理,监理工程师依靠这些信息做出判断和决策。公路工程信息多以数据为载体,常以文字、数值、图表、图像等形式表现。

2. 信息管理

信息管理是对信息进行收集、整理、处理、存贮、传递和应用等一系列工作的总称,是业主、承包人及监理工程师在工程实施日常管理工作中的一个重要组成部分,具有全方位、全过程的特征。

◆ **信息管理对监理工作的重要性和必要性**

1. 公路建设的基本要求

公路工程特别是高速公路建设,必须把来自于多方面的大量数据、指令进行收集、传递、处理、存贮,及时、准确、有效地处理,因为这些信息对公路建设的管理效能有着重要的影响。

2. 监理工作的基本要求

施工过程控制的复杂性、准确性和高效性,要求监理工程师必须依据信息做出正确的判断和决策,使工程质量、进度、费用控制在合理的区间内,产品达到规范的要求和合同目标。

监理工程师掌握信息管理知识,在工作实践中运用信息管理的方法可以更好地实现公路施工监理工作的三大目标。

◆ **工程信息管理的基本任务**

1. 提供决策

工程项目的控制管理是一个信息处理的过程。监理工程师通过对信息的收集、整理和分析,充分了解、掌握和控制施工过程,也就是收集初始信息,依据合同、规范,以科学方法对实际(初始信息)和目标的差距进行分析,最后提出决策性信息来指导施工。

2. 实施最优控制

项目控制是监理工程师实施监理的手段。按照对信息的利用方式不同,可以分为前馈控制和后馈控制,如图 3.10、3.11 所示。

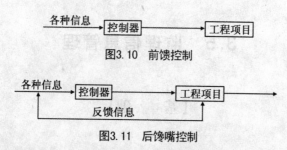

图3.10 前馈控制

图3.11 后馈嘴控制

两种控制形式的主要区别在于有无信息反馈。控制器是指工程项目的管理者。前馈控制要求管理者必须要有开发意识,反馈控制可利用信息流的闭合,调整控制强度。从工程项目的一次性特征考虑,在项目控制中应采取前馈控制形式,但因项目自身复杂性和人们预测能力的局限性等因素的影响,监理工程师的控制活动中,反馈控制形式也同样重要和可行。监理工程师要能根据工程进展的实际情况,及时灵活地掌握、使用信息,使工程项目得到最优的控制。

3. 组织协调

工程项目建设不仅涉及施工合同双方和监理工程师,与项目建设有关的政府部门、外围环境、设计部门、材料、设备供应商等多家单位对工程实施均有不同程度的影响。通过信息管理,加强有关单位间的信息传递,及时收集、处理各方信息,对出现的问题及时沟通、交流、协商,找出最佳解决方案,创造相互协作、密切配合的施工环境,有利于工程按照既定的目标顺利开展。

◆工程信息分类

工程信息贯穿于工程项目管理的每一个环节,信息量大,且不同监理范畴需要不同的信息。将信息按一定标准进行分类,则有助于根据监理工作的不同要求,提供适当的信息。

1. 按监理目标分类

工程信息按监理目标分类可分为投资控制、质量控制、进度控制、合同管理信息,这种分类方法有利于监理机构内部管理职责的分工和日常资料整理归档。

(1)投资控制信息。投资控制信息是指反映工程投资管理控制的信息。它包括现行工程预算定额、原材料价格、物价指数、新开征税费、工程量清单、合同规定的工程计量方法、施工过程中的变更费用、索赔费用和竣工决算等。

(2)质量控制信息。质量控制信息是指反映质量状况和服务于质量控制的信息。它包括技术规范、施工图纸、质量控制程序、施工过程中的检查、检验、试验记录、事故处理报告、质量评定、鉴定成果等。质量数据是质量信息的重要组成部分,在施工过程的信息中占有十分重要的地位。

(3)进度控制信息。进度控制信息是指反映工程进度控制的信息。它包括招标文件中的工程分阶段控制目标;监理工程师审核的总体进度计划;年、季、月进度计划;关键线路网络控制;工程量和工作量完成月、季、年统计;进度计划跟踪分析报告;工程开、竣工报告;与计划适应的人、机、料投入情况等。

(4)合同管理信息。合同管理信息包含的范围很广。广义上,投资、质量、进度信息都在不同程度上涉及合同管理信息。狭义上,合同管理信息包括招标文件、合同条件(含投标书附件数据表)、工程分包、风险管理、违约责任、索赔、延期等贯穿于工程项目管理中的信息资料。

2. 按稳定性分类

(1)静态信息。静态信息是指在工程整个建设过程中或某一时段内相对稳定不变的信息。如工程进度目标或分阶段控制目标,各种定额和标准,工作制度和程序。

(2)动态信息。动态信息是指不断变化着的信息,如项目实施过程中的质量、进度、投资的统计数据,直接反映某一阶段的实际进展和计划完成情况,引起延期、索赔、违约责任等合同事务的发生、发展等。

对静态信息,监理人员应熟记于心;对动态信息应时刻注意其变化,经常性地与静态信息所确定的目标和标准进行比较,控制动态信息变化的幅度。

【实 务】

◆监理信息具体管理

信息从收集、加工整理、存贮到成果发布、检索、传递、使用,应达到准确、完整、及时的基本要求。

1. 信息的收集

明确采集渠道、及时收集数据资料是信息管理的第一步。收集工作的质量会直接影响到信息管理的质量。在不同的施工阶段,信息收集的内容和侧重不同。

(1)施工准备期。施工准备期监理工程师的主要工作任务有熟悉合同文件、进行现场复审、查看施工环境、制订监理图表、审批施工总体计划等。信息主要来源于合同文件、投标书、地质勘测资料、复测记录、临时和永久占地计划协议书、施工单位提交的进度计划等。

(2)施工期。施工期监理工程师应围绕工程质量、进度、费用三大控制目标的实现来采集信息。这一阶段,伴随着工程进展的信息量加大、来源复杂,监理工程师应以各种检查、检测记录、监理日志、工地会议纪要、往来文件和施工、技术报表等为信息的主要来源,把各方面信息进行综合分析,去伪存真,利用有效信息。

(3)工程缺陷责任期。监理工程师在缺陷责任期内,监督承包人履行缺陷责任期的合同义务,使其尽快完成交工验收时未完工程及遗留工程缺陷。监理工程师定期检查工程完成情况,记录监理日志等资料,是这一时期主要的信息资料。

2. 加工整理

收集到的信息必须经过过滤、排序、计算、比较、选择等步骤加工整理成有实际效力的信息。信息加工整理方法在质量管理中有排列图法、直方图法、相关图法、控制图法等质量数据的分析方法。费用和进度管理中有 S 曲线法、横道图法、网络技术等分析方法,合同管理中有数据对比等一些抽象的信息分析方法。

3. 存贮

信息的存贮是按照不同的方式将信息归档保存在不同部门的过程。监理工作要将大部分信息存贮在文件或表格中,或用计算机存储器存放工程质量检测、试验数据并建立质量数据库。一部分信息可以用挂图、图片等形式存贮。信息管理部门应存贮有关工程监控管理的全部信息，其他职能部门则可根据需要存贮业务范围内的必要信息。

4. 传递

信息通过一定的载体传递到特定的部门中，形成信息流。信息管理部门是信息传递的必经部门，信息管理部门将信息用各种适当的方式，如书面报表、文件、电报、传真或电子邮件等传递给监理工程师或需要信息的部门，作为监理工作的依据。

5. 检索

当前有用的信息将立即被用于指导施工，暂时不用的信息存贮后，在使用时通过信息检索而被调用。对信息进行编码或分类，可大大节约存贮空间和检索时间。

6. 使用

信息使用时应当注意保护和保密，特别是将文件形式的信息借阅给相关的部门，应记录好信息的去向和复制的份数，防止信息丢失或遗漏。有一些特殊的信息只在监理部门内部使用，具有一定的保密性，使用时要严格控制信息传递范围，防止泄密。

◆监理档案管理

1. 监理档案构成

（1）合同文件档案。

1）施工监理服务协议书。

2）施工合同协议书（含问题澄清）、投标书、招标文件（含补遗书等）及施工招标、施工合同有关资料。

（2）日常资料分类。按工程监理控制目标，监理资料可分为以下五类：

1）质量控制资料。包括检验、试验及有关质量的监理指令。

2）进度控制资料。包括总体进度计划、旬、月度计划及其完成，进度计划调整资料及有关计划的监理指令。

3）费用控制资料。包括工程量统计、计量与支付、工程费用变更资料及有关费用控制的监理指令。

4）合同管理资料。包括有关工程分包、变更、索赔、延期的来往文件、监理月报及相关监理指令。

5）监理内部管理资料。包括规章制度、监理费用、工作考核、奖惩等资料。

2. 监理档案管理的注意事项

（1）明确职责，协调配合。监理组织机构应建立资料、文件管理制度，明确档案管理的要求，设立资料、文件管理岗位，配备专职或兼职人员，承担全工程监理资料的档案管理工作，定期督促检查承包人的内业管理，完善监理机构内部文件资料的管理，组织审查承包人提交的竣工文件。各级监理人员应管理好职责范围内的资料，独立存档，部门之间还应建立资料借阅记录账。

（2）加强督促检查，规范档案管理。通过检查、考核、交流等办法，加强监理内业管理和监督；按照监理资料、文件管理的统一要求，对文件资料内容、准确性、及时性以及外观质量等方面检查评价，发现问题应及时提示和整改，不断规范管理。

（3）学习业务，提高管理水平。监理档案管理是一门专业技术，故要求组织人员学习档案管理知识，尤其要向档案管理部门学习或咨询，改进管理，提高理论水平。

◆监理表式管理

监理表式是监理档案的组成部分,它的规范化、标准化是监理工作有秩序进行的基础,是监理信息科学化管理的一项重要内容。

1. 监理表式构成

监理表式分为五大部分:监表、支表、检表、试表和评表。

(1)监表。监表是监理工程师在履行监理职责进行工程监控时使用的表格。

(2)支表。支表是进行工程计量和支付申请和审批的用表。

(3)检表和试表。检表和试表主要用于承包单位自检使用,监理工程师也可以此作为旁站监理记录和抽查检验使用。

(4)评表。评表是工程项目中间或全部交工之后,将检表和试表的结果汇总,按照《公路工程质量检验评定标准》(JTG F80/1—2004)规定对分项评定,分部、单位工程及整个工程质量进行评定的用表。

2. 监理表式的制订和修订程序

(1)在工程准备阶段,监理机构应当依据《公路工程施工监理规范》(JTG G10—2006)组织编制监理表式。表式应规范、标准、齐全、适用,以信息管理部门为主,以其他技术、试验部门协助共同编制为辅,最迟于工程开工之前完成。

(2)在第一次工地会议上,监理工程师应向承包人印发监理表式,并说明编制要求提交程序、份数、范围、时限等。

(3)工程中,监理工程师应针对使用监理表式不符合规定的情况,向监理人员或承包人做进一步的解释,并听取对表式的反馈意见,及时对监理表式进行修订或补充。

(4)对因情况变化已不适用于实际的表式,应及时进行修订和补充,进一步完善表式系统。

第4章 公路工程施工资料

4.1 交桩复测报告及图纸会审记录

【基　础】

◆**交桩**

　　交桩是指将路线测设时所设置的导线点、水准点、桥位桩的桩志逐一移交给施工单位。交桩应在现场进行，可以由业主交给监理，再经监理交给承包单位。为了提高效率、简化程序，也可以由业主向监理和承包单位同时进行交桩。不论采取何种方式，均应从业主（或设计单位）取得详细的测量资料，如导线点、水准点测量成果和依据、计算说明、要求等。

　　在进行外业交桩时，应初步审查控制点的情况，查看桩志是否丢失，埋设是否牢固，标记是否清楚。在办理交桩手续时均应记录清楚，并需参与各方签字认可。交桩记录表格的样式可参照表4.1。施工单位在交桩之后，应立即组织全面复测，并提出"导线点、水准点复测报告"，报驻地监理工程师。导线点、水准点存在问题的，必须在开工令下达之前解决。

第4章 公路工程施工资料

表4.1 交桩记录表

工程名称			
合同号		桩号	
参与单位		参与人签名	
业主(代表)			
设计单位			
施工单位			
监理单位			
桩志和资料交接情况	导线点交接：共交导线点　　个，其编号为：		
	水准点交接：共交水准点　　个，其编号为：		
	桥位桩交接：共交接桥位桩　　个，其编号为：		
	测量资料交接： 1.导线点、水准点成果表 2.计算说明书		
遗留问题			
交接时间			

◆复测

交桩后施工单位应立即组织复测，并在交桩后14天内向监理工程师提交复测报告，并抄送业主。

复测报告应包括下列内容。

(1)复测方法、使用仪器和复测结果说明。

(2)测量仪器鉴定证书。

(3)复测结果汇总表(表4.2、表4.3)和复测记录(复印件)。

(4)导线点、水准点布置图。

(5)精度计算书。

(6)坐标、高程比较表。

表 4.2　导线点复测结果汇总表

点号	导线左角复测					导线长度复测(水平距离)				
	实测值 β'	设计值 β	$\triangle\beta=\beta'-\beta$	限差	精度评定	实测值 S'	设计值 S	$\triangle S=S'-S$	测距相对误差	限差	精度评定
计算			复核			监理				
复测日期										

表 4.3　水准点复测结果汇总表

点号	水准点复测						备注
	实测高差 h' /m	设计高差 h /m	$\triangle h=h'-h$ /mm	水准路线距离 /m	$\triangle h_{容}=\pm 20$ /mm	精度评定	
计算		复核		监理			
复测日期							

◆图纸会审记录说明及表格

图纸会审是设计单位向施工单位作出的设计技术交底,并对施工单位和工程监理在图纸审查中查出的问题和疑问进行处理。图纸会审应由项目业主组织。

图纸会审首先由设计单位向与会者说明工程设计的依据、意图和功能,并对特殊结构、新工艺、新材料提出施工要求,然后施工单位和工程监理提出对图纸的疑问和建议,最后对有异议的问题达成一致意见,并形成图纸会审记录(表4.4)。图纸会审记录是对施工图的补充,是工程施工的依据之一。

表 4.4　图纸会审记录表

编号：_____

建设项目名称				
审查日期	年　月　日		共　页　第　页	
序号	问题		答复意见	
施工单位 （签章）		设计单位 （签章）	项目业主 （签章）	
技术负责人 （签字）		设计负责人 （签字）	参加人 （签字）	

【实　务】

◆图纸会审记录表格填写范例

图纸会审记录表格填写范例，见表4.5。

表 4.5　图纸会审记录表格

编号：×××

建设项目名称		××公路工程		
审查日期	2010年6月24日		共1页　第1页	
序号	问题		答复意见	
1 2	××处是否设置了伸缩缝 请明确××路口施工范围		过××桩设置伸缩缝 ××路口施工范围以花坛为界	
施工单位 （签章）		设计单位 （签章）	项目业主 （签章）	
技术负责人 （签字）	×××	设计负责人 （签字） ×××	参加人 （签字）	×××

4.2 施工组织设计

【基　　础】

◆ **编制原则**

（1）保证重点、统筹兼顾。为了使拟建工程迅速完成，尽早交付使用，要对工程项目的所有内容分出轻重、缓急，集中力量处理那些在整个工程中起关键作用的作业项目，防止分散资源，拖延工期。同时还要有全局观念，避免顾此失彼，以保证工程全线按期完成。

（2）采用先进技术、保证施工质量。施工方法应在广泛吸取国内外先进经验的基础之上，尽量采用先进技术，以加快施工速度、提高劳动生产率。在保证质量的前提下，尽量降低工程成本，在条件允许的情况下，选用效率高、作业性能好的施工机械，应充分利用现有机械设备，节约劳动力，提高机械化施工水平。

（3）科学安排施工计划，组织连续、均衡施工。对工程总体作业科学的综合判断，采用现代化分析方法，使工程施工的一系列活动在安排上得到最优化：一方面要尽量避免施工断断续续，人力、机械等资源利用不足；另一方面，要防止出现突击赶工的现象，尽量做到在总的工期内连续、均衡地施工，使各项活动有秩序、有节奏地进行。

（4）严格遵守施工规范、规程和制度。认真按照基本建设程序办事，根据批准的设计文件和工期要求来安排进度；严格执行相关的技术规范和规程，提出具体的质量、安全控制及管理措施，并在制度上加以保证，确保工程质量和作业安全。

（5）因地制宜、扬长避短。根据施工队伍力量，充分利用沿线地区的自然、经济资源优势，针对工程项目特点，就地取材，尽可能地减少临时设施建筑，节约施工用地，少占或不占耕地，实行经济核算制，努力降低工程成本，提高经济效益。

◆ **主要内容**

（1）工程情况概述。包括工程规模、数量、工期、特征，主要地质、水文、气候情况、技术要求等。

（2）施工技术方案。施工技术方案主要是施工方法（特别是冬季和雨季施工以及技术复杂的特殊施工方法）、施工程序（着重是施工顺序及工序之间的衔接），以及决定采用的新技术、新工艺、新材料和新设备、技术安全措施、质量保证措施等。

（3）施工进度计划。施工进度计划包括以工程数量和投资额表示的工程总进度计划和年度计划，以及需用工日数和机械台班数。

（4）施工总体及部分工程平面布置。

（5）土石方调配方案。

（6）劳动力需求量和来源，包括总需求量和分工种、分年度的需求量。

（7）施工机械、建筑材料、施工用水、用电的分年度需求量和供应、解决方案。

（8）便道、防洪、排水和生产、生活用房屋等设施的建设和时间要求。

（9）施工准备工作进度表包括各项准备工作的负责单位、完成时间和要求等。

施工组织设计用文、图、表三种形式表示互相结合，互相补充。凡能用图表表示的，要尽量采用图表，因为图表"上墙"方便，能形象、准确、直观地说明问题，有利于指导现场施工。

◆施工组织总设计

施工组织总设计是施工单位在深入了解和研究设计文件，以及调查复核现场情况之后着手编制的，是组织施工的总计划。对设计中未规定施工方法的，要一一落实合适的施工方法。施工中所需劳动力的数量和进场、退场时间，所需材料的品种、规格、数量及分期供应计划，所需机具的种类、规格、数量及进场、退场时间，工地运输组织工作，施工场地的平面布置，附属企业、加工厂的设置，预制场的布置，工地用临时房屋的规划，工地供水、供电的计划，以及降低成本措施，施工财务计划等，均需通过施工组织设计来反映。

施工组织总设计的主要任务如下。

(1)确定最合适的施工方法和施工程序，以保证施工任务在合同工期内完成。

(2)及时而周密地做好施工准备工作、供应工作和服务工作。

(3)合格地组织劳动力和施工机具，使得需要量没有骤增骤减的现象，同时还应尽量发挥其工作效率。

(4)在施工场地内，合理地布置生产、生活、交通等设施，最大限度地节约临时用地、节省生产时间、方便生活。

(5)施工进度计划及劳动力、机具、材料的供应计划，要详细到按月安排，以便于具体进行组织供应工作。

◆单位、分部工程施工组织设计

对于单位工程和分部工程，应在指导施工组织设计的基础上分别编制实施性的施工组织设计。

实施性施工组织设计的任务如下。

(1)因它是用来直接指挥施工的计划，故应具体制订出按工作日程安排的施工进度计划，这是它的核心内容。

(2)根据施工进度计划，计算出劳动力、机具、材料等的日需要量，规定工作班组及机械在作业过程中的移动路线及日程。

(3)在施工方法上，要结合具体情况考虑工程细目的具体施工细节，具体到能按所定施工方法确定工序、劳动组织及机具配备。

(4)工序的划分、劳动力的组织以及机具的配备，既要适应施工方法的需要，又要考虑适应工作班组的组织结构和设备情况，应最有效地发挥班组的工作效率，便于实行分项承包和结算，切实保证工程质量和施工安全。

(5)需考虑到当发生意外情况时留有调节计划的余地。如因故中途必须停止计划项目的施工时，应准备机动工程，调动原计划安排的班组继续工作，防止窝工。实施性施工组织设计必须具体、详细，以达到指导施工的目的，但要避免编制过于复杂、繁琐。

【实　　务】

◆编制程序

编制施工组织设计需遵守一定的程序，按照施工的客观规律，协调、处理好各个影响因素的关系，用科学的方法进行编制。施工组织设计的编制程序，见图4.4。

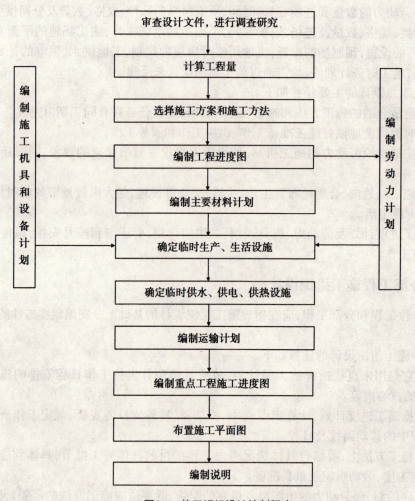

图4.4　施工组织设计编制程序

◆阶段性进度计划

对一个公路项目来说，仅有总体进度计划（施工组织总设计）和起控制作用的关键工程项目（如桥梁、隧道、互通立交等单位工程施工组织设计）进度计划是远远不够的，特别是当工程项目较大时，还需编制年、月（季）进度计划。年进度计划要受工程总进度计划的控制，而月（季）进度计划受年进度计划的控制。月（季）进度计划是年进度计划实现的保证，而年进度计划的实现又保证了总体进度计划的实现。

1. 年进度计划

年进度计划反映的内容如下。

(1)本年度计划完成的单位工程及施工阶段的工程项目内容,工程数量及投资指标。

(2)施工队伍和主要施工设备的数量及调配顺序。

(3)不同季节及气温条件下各项工程的时间安排。

(4)在总体进度计划下对各分项工程进行局部调整或修改的详细说明等。

在年度计划的安排过程中,要重点突出组织顺序上的联系,如主要施工队伍的转移顺序、大型机械的转移顺序等。可先安排重点、大型、复杂、周期时间长、占劳动力和施工机械多的工程,优先安排主要工种或是经常处于短线状态工种的施工任务,并使其连续作业。

2. 月进度计划

在月(季)工程进度计划中应反映的内容如下。

(1)本月(季)计划完成的分项工程内容和顺序安排。

(2)本月(季)各分项工程的工程数量和投资额。

(3)完成各分项工程的施工队伍、人力和主要设备的配额。

(4)在年计划下对各分项工程进行局部调整或修改的详细说明等。

施工组织设计和阶段性进度计划经监理工程师批准后方可执行。

4.3 开工报告

【基　础】

◆**开工报告说明及表格**

(1)公路工程要严格执行开工报告制度。申请开工的项目需具备以下基本条件。

1)基建计划已经落实。

2)建设投资已经审计。

3)征地拆迁基本完成。

4)施工、监理单位已经落实。

(2)开工报告的提交程序及内容。

1)在完成各项规定的施工准确工作之后,施工项目经理部应按照要求的程序和内容向监理提交开工报告,经审批下达开工令后,方可开工。

2)开工报告应附以下主要技术资料。

①现场材料及半成品材料的检验。

②混合料级配组成。

③恢复定线和施工测量放样记录。

④主要机具设备。

⑤测量和试验仪器设备到场情况。

⑥拟开工分项或分部工程项目的施工方案及工艺等。

(3)工程开工申请单(标段工程开工)格式见表4.6;工程开工申请单(分项工程开工)格式见表4.7。

表4.6 工程开工申请单(标段工程开工)

工程名称		项目法人	
承包单位		编号	
监理单位		合同号	

致(高级驻地监理工程师)_____：

　　根据合同要求,我们已经做好_____工程开工前的一切准备工作,现要求该项工程正式开工,请予批准

计划开工日期：　　　　　　　　　　　计划竣工日期：

附件：1. 施工组织设计报审表
　　　2. 施工技术方案报审表
　　　3. 施工放样报验单
　　　4. 进场材料、设备报验单
　　　5. 分项工程月进度计划

　　　　　　　　　　　　　　　　　　　　　　　　　承包人：　　　　日期：

道路结构工程师意见： 签字： 　　　　　　年　月　日	试验工程师意见： 签字： 　　　　　　年　月　日	测量工程师意见： 签字： 　　　　　　年　月　日
高级驻地监理工程师意见： 签字： 　　　　　　年　月　日	总监理工程师意见： 签字： 　　　　　　年　月　日	业主意见： 签字： 　　　　　　年　月　日

注：由承包人呈报三份,高级驻地监理工程师、总监理工程师各留一份,退承包人一份。

表4.7 工程开工申请单(分项工程开工)

工程名称		项目法人	
承包单位		编号	
监理单位		合同号	

致(高级驻地监理工程师)＿＿＿＿＿＿＿:

根据合同要求,我们已经做好＿＿＿＿＿工程开工前的一切准备工作,现要求该项工程正式开工,请予批准

计划开工日期:　　　　　　　　　计划竣工日期:

附件:1. 施工放样报验单

　　　2. 进场材料、设备报验单

　　　3. 分项工程月进度计划

承包人:　　　日期:

道路结构工程师意见:	试验工程师意见:	测量工程师意见:
签字:	签字:	签字:
年 月 日	年 月 日	年 月 日

高级驻地监理工程师意见:

签字:　　　年 月 日

【实　　务】

◆工程开工申请单(分项工程开工)填写范例

工程开工申请单(分项工程开工)填写范例,见表4.8。

表4.8　工程开工申请单(分项工程开工)

工程名称	××公路工程	项目法人	张××
承包单位	××集团有限公司	编号	×××
监理单位	××监理公司	合同号	×××

致(高级驻地监理工程师)　赵×× ：

根据合同要求,我们已经做好 ××公路 工程开工前的一切准备工作,现要求该项工程正式开工,请予批准

计划开工日期:2010年3月1日　　　计划竣工日期:2012年3月1日

附件:1. 施工放样报验单

　　　2. 进场材料、设备报验单

　　　3. 分项工程月进度计划

承包人:徐××　　　日期:2010年2月27日

道路结构工程师意见:	试验工程师意见:	测量工程师意见:
同意开工	同意开工	同意开工
签字:　张××	签字:　王××	签字:　李××
2010年2月27日	2010年2月27日	2010年2月27日

高级驻地监理工程师:

经审查,具备开工条件,同意于2010年3月1日开工

签字:赵××　　　2010年2月27日

4.4　技术交底记录

【基　　础】

◆技术交底的要求

(1)必须依据技术规范和设计要求进行技术交底。

(2)技术交底使用的施工图必须经过图纸会审。

(3)技术交底所执行的施工组织设计或施工方案,必须经过监理工程师审查批准的正式实施的施工组织设计或施工方案。

(4)技术交底要紧密结合工程实际和特点,有针对性地进行交底,主要交底内容如下。

1)设计要求、细部做法和施工组织设计中的有关要求。
2)工程材料质量、施工机具设备性能参数、施工条件、施工顺序、施工方法。
3)工程质量应达到的标准、成品保护和质量验收的要求。
4)施工安全注意事项和措施。

◆技术交底的方式

(1)书面技术交底。书面技术交底是交底中最常采用的一种方式,具体做法是将交底的内容和技术要求写成书面的形式,对施工现场技术人员和班组长进行交底。交底人与接受人在交清交底内容之后,分别在交底书上签字,以备存档。

(2)会议交底。会议交底是通过专业交底会议,将交底内容向与会者进行交底。会议交底时,会议主持人除把交底内容向到会人员交底外,与会者也可以通过讨论、补充,使交底的内容更加详细而全面。

(3)挂牌交底。挂牌交底是将交底的主要内容、质量要求写在牌子上,然后挂在施工现场。这种方法适用于操作内容和操作人员固定的作业场所,使操作者抬头便可看见,"警钟长鸣",引起注意,起到了经常提示和提高质量的效果。

(4)样板交底。样板交底是针对那些既有内在质量要求,又有外观质量观感要求的工程项目,为使操作者不但掌握一定的质量指标和数据,而且还具有直观的感性认识,可以先做出样板,经监理检查符合标准后,作为交底的样板。

◆技术交底表格

不论何种形式的技术交底,事后都要填写"技术交底记录",并存档,格式参见表4.9。

表4.9 技术交底记录

编号:_____

施工单位		监理单位	
工程名称		交底日期	

交底内容:

交底人		审核人	
接收单位		接受人	

【实　　务】

◆技术交底填写范例

技术交底填写范例,见表4.10。

表4.10　技术交底记录

编号:×××

施工单位	××集团有限公司	监理单位	××监理公司
工程名称	××公路工程	交底日期	2010年4月25日

交底内容:

1. 场地平整
对沿线的树木、电线杆、建筑物及与所有公路路基范围以内的障碍物移除,保证整个路面的平整
2. 基底处理
(1)做好原地面排水工作
(2)对路堤通过的耕地部分,要将其地表30 cm浮土全部换掉,并进行平整压实
(3)做实验路段,确定填料的最大干密度
(4)在排水沟施工时,要向里铺土布,以防渗水

交底人	钱××	审核人	李××
接收单位	××监理公司	接受人	向××

4.5　公路工程质量评定

【基　　础】

◆工程质量评定要求

(1)施工单位应对各分项工程按《公路工程质量检验评定标准》(JTG F80/1—2004)所列基本要求、实测项目和外观鉴定进行自检,按《分项工程质量检验评定表》及相关施工技术规范提交真实、完整的自检资料,对工程质量进行自我评定。

(2)工程监理单位应按规定要求对工程质量进行独立抽检,对施工单位自评资料进行签认,对工程质量进行评定。

(3)建设单位根据对工程质量的检查及平时掌握的情况,对工程监理单位所做的工程质量评分等级进行审定。

(4)质量监督部门、质量检测机构可依据评定标准对公路工程质量进行检测评定。

◆工程质量检验内容

分项工程质量检验内容包括基本要求、实测项目、外观鉴定和质量保证资料四个部分。

只有在其使用的原材料、半成品、成品及施工工艺符合基本要求的规定,且无严重外观缺陷和质量保证资料真实并基本齐全时,才能对分项工程进行检验评定。

1. 实测项目

涉及结构安全和使用功能的重要实测项目为关键项目(在文中以"△"标石),其合格率不得低于90%(属于工厂加工制造的桥梁金属构件不低于95%,机电工程为100%),且检测值不得超过规定极值,否则必须进行返工处理。

实测项目的规定值是指任一单个检测值都不能突破的极限值,不符合要求时该实测项目为不合格。

分项工程的评分值满分为100分,按实测项目采用加权平均法计算。存在外观缺陷或资料不全时,应予减分。采用《公路工程质量检验评定标准》(JTG F80/1—2004)附录B至附录I所列方法进行评定的关键项目,不符合要求时则该分项工程评为不合格。

2. 质量保证资料

施工单位应有完整的施工原始记录、试验数据、分项工程自检数据等质量保证资料,并进行整理分析,负责提交齐全、真实和系统的施工资料和图表。工程监理单位负责提交齐全、真实和系统的监理资料。质量保证资料应包括以下六个方面。

(1)所用原材料、半成品和成品质量检验结果。
(2)材料配比、拌和加工控制检验和试验数据。
(3)地基处理、隐蔽工程施工记录和大桥、隧道施工监控资料。
(4)各项质量控制指标的试验记录和质量检验汇总图表。
(5)施工过程中遇到的非正常情况记录及其对工程质量影响分析。
(6)施工过程中如发生质量事故,经处理补救后,达到设计要求的认可证明文件。

【实 务】

◆ 工程质量评分方法

1. 分项工程评分方法

分项工程质量检验内容包括基本要求、实测项目、外观鉴定和质量保证资料四个部分。只有在其使用的材料、半成品、成品及施工工艺符合基本要求的规定且无严重外观缺陷和质量保证资料真实并基本齐全时,才能对分项工程质量进行检验评定。分项工程的评分值满分为100分,按实测项目采用加权平均法计算。外观缺陷或资料不全时,需予扣分。

$$分项工程评分值 = 分项工程得分 - 外观缺陷扣分 - 资料不全扣分$$

(1)基本要求检查。各分项工程所列基本要求,对施工质量优劣具有关键作用,应按基本要求对工程进行认真检查。经检查不符合基本要求规定时,不得进行工程检查的检验和评定。

实测项目是对规定检查项目采用现场抽样方法,按照规定频率和下列计分方法对分项工程的施工质量直接进行检测评分。

检查项目除按数理统计方法评定的项目以外,均应按单点(组)测定值是否符合标准要求进行评定,并按合格率计分。

检查项目合格率/% = [检查合格的点(组)数÷该检查项目的全部检查点(组)数] ×100

检查项目得分 = 检查项目合格率×100

路基路面压实度、弯沉值、路面结构层厚度、水泥混凝土抗压和抗弯拉强度、半钢性材料强度等检查项目,应分别采用《公路工程质量检验评定标准》(JTG F80/1—2004)附录 B~附录 I 所列方法进行评定计分。

(2)外观缺陷扣分。对工程外表状况进行检查评定时,如发现外观缺陷,应区分档次进行扣分。对于较严重的外观缺陷,承包单位须采取合适的措施进行整修处理。

(3)资料不全扣分。分项工程的施工资料和图表残缺,或缺乏最基本的数据,或有伪造涂改资料者,不予检验和评定。资料不全者应予扣分,扣分幅度可按《公路工程质量检验评定标准》(JTG F80/1—2004)逐款检查,视资料不全情况,每款扣 1~3 分。

2. 分部工程和单位工程评分方法

《公路工程质量检验评定标准》(JTG F80/1—2004)附录 A 所列分项工程和分部工程区分为一般工程和主要(主体)工程,分别给以 1 和 2 的权值。进行分部工程和单位工程评分时,采用加权平均值计算法确定相应的评分值,即

$$分部(单位)工程评分 = \frac{\sum[分项(分部)工程评分 \times 相应权值]}{\sum 分项(分部)工程权值}$$

3. 建设项目工程质量评分方法

建设项目工程质量的评分,通常采用单位工程优良率和建设项目工程质量评分值两个指标。

单位工程优良率(%) = (被评为优良的单位工程数/建设项目中单位工程总数) ×100

建设项目工程质量评分值计算:按照单位工程平均得分确定标段工程质量评分值,再按照标段工程质量评分值采用加权平均法对建设项目的工程质量进行评分,也就是

$$工程质量评分值 = \frac{\sum(标段工程质量评分值 \times 该标段投资款)}{建设项目总投资额(建设工程费总额或合同工程价款总额)}$$

◆工程质量等级评定方法

工程质量评定分为优良、合格和不合格三个等级,应按照分项、分部、单位工程和建设项目逐级评定。

1. 分项工程质量等级评定

分项工程评分值不小于 75 分者为合格,小于 75 分者为不合格。评定为不合格的分项工程,经加固、补强、返工或进行整修,满足设计要求后,可以重新评定其质量等级,但计算分部工程评分值时按其复评分值的 90% 计算。

2. 分部工程质量等级评定

所属各分项工程全部合格,则该分部工程评为合格;所属任一分项工程不合格,则该分部工程为不合格。

3. 单位工程质量等级评定

所属各分部工程全部合格,则该单位工程评为合格;所属任一分部工程不合格,则该单位工程为不合格。

4. 合同段和建设项目质量等级评定

合同段和建设项目所含单位工程全部合格,其工程质量等级为合格;所属任一单位工程不合格,则合同段和建设项目为不合格。

◆评定表格

1. 建设项目或标段质量检验评定表

建设项目或标段质量检验评定表,见表 4.11。

表 4.11 建设项目或标段质量检验评定表

项目名称				路线名称		
起讫桩号				完成日期		
标段名称	单位工程			标段单位工程		标段权值
	工程名称	实得分数	质量等级	优良率	平均分	
标段名称	单位工程			标段单位工程		标段权值
	工程名称	实得分数	质量等级	优良率	平均分	
建设项目单位工程优良率/%				建设项目质量评分		
建设项目质量等级						
检验负责人		计算			复核	
填表日期						

2. 单位工程质量检验评定表

单位工程质量检验评定表,见表4.12。

表4.12 单位工程质量检验评定表

单位工程名称				所属建设项目			
路线名称				工程地点、桩号			
施工单位				监理单位			
施工单位	分部工程						备注
	工程名称	质量评定					
		实得分数	权值	加权得分	等级		
	合计						
加权平均分				质量等级			
评定意见							
检验负责人		计算			复核		
填表日期							

3. 分部工程质量检验评定表

分部工程质量检验评定表,见表4.13。

表4.13 分部工程质量检验评定表

分部工程名称			所属单位工程			
所属建设项目			工程部位			
施工单位			监理单位			
施工单位	工程名称	分部工程质量评定				备注
		实得分数	权值	加权得分	等级	
		合计				
加权平均分				质量等级		
评定意见						
检验负责人		计算		复核		
填表日期						

4. 工程汇总表

工程汇总表,见表 4.14。

表 4.14 工程汇总表

工程	实得分数	权值	加权得分	等级	备注
加权平均分			质量等级		
计算			复核		
填表日期					

4.6 工程质量自检报告和试验、施工检验结果汇总

【基 础】

◆工程质量自检报告

自检报告的内容包括自检体系的建立,质量保证措施及落实情况;对三场(料场、预制场、拌和场)的管理;原材料检验、中间工序和成品检查制度以及执行情况,检测频率是否满足规范要求;对隐蔽工程的检查,对质量事故的处理以及对工程质量的自我评价。

【实 务】

◆施工抽检试验结果汇总表

1.原材料试验结果汇总表

原材料试验结果汇总表,见表 4.15 ~ 4.24。

第4章 公路工程施工资料

表4.15 钢筋试验结果汇总表

承包单位										
合同号					合同段桩号					
工地验收批编号	品种	直径/mm	生产厂家	代表数量/t	存放地点	屈服强度/MPa	抗拉强度/MPa	伸长率/%	冷弯	用途供应范围（桩号、部位）
编制人					技术负责人					
填表日期										

表4.16 试验结果汇总表

承包单位										
合同号					合同段桩号					
工地验收批编号	品种、强度等级	生产厂家	代表数量/t	存放地点	凝结时间		胶砂强度/MPa		安定性	细度/%	用途、供应范围（桩号、部位）
					初凝	终凝	抗折	抗压			
编制人					技术负责人						
填表日期											

表4.17 石灰试验结果汇总表

承包单位										
合同号					合同段桩号					
工地验收批编号	品种、等级	生产厂家	代表数量/t	存放地点	有效钙加氧化镁含量/%	未消化残渣含量/%	消石灰细度/% ①	②	消石灰含水量/%	用途、供应范围（桩号、部位）
编制人					技术负责人					
填表日期										

表4.18 水泥混凝土用碎(砾)石试验结果汇总表

承包单位													
合同号						合同段桩号							

工地验收批编号	品种、规格	产地、生产厂家	代表数量/m³	存放地点	颗粒分析	堆积密度/(kg·m⁻³)	表观密度/(kg·m⁻³)	含泥量/%	有机质含量/%	二氧化硫含量/%	压碎值/%	小于2.5 mm颗粒含量/%	针片状含量/%	碱活性	用途 供应范围 (桩号、部位)

编制人				技术负责人		
填表日期						

表4.19　路面碎(砾)石试验结果汇总表

承包单位						
合同号				合同段桩号		
工地验收批编号	品种、规格	代表数量/m³	存放地点	颗粒分析	压碎值/%	产地、生产厂家
与沥青的粘附性	吸水率/%	冲击值/%	有机质含量/%	坚固性/%	磨光值/%	软弱颗粒含量/%
0.075mm颗粒含量/%	三氧化硫含量/%	针片状含量/%	破碎砾石含量/%	毛体积密度/(g·cm⁻³)	洛杉矶磨耗值/%	用途、供应范围(桩号、部位)
编制人				技术负责人		

表4.20　水泥混凝土用细集料试验结果汇总表

承包单位													
合同号							合同段桩号						
工地验收	品种	产地、生产厂家	代表数量/m³	存放地点	颗粒分析	堆积密度/(kg·m⁻³)	表观密度/(kg·m⁻³)	云母含量/%	含泥量/%	轻物质含量/%	有机质含量/%	三氧化硫含量/%	坚固性/%	碱活性	用途、供应范围(桩号、部位)
编制人							技术负责人						

表 4.21　路面用细集料试验结果汇总表

承包单位												
合同号							合同段桩号					
工地验收批编号	品种	产地、生产厂家	代表数量/m³	存放地点	颗粒分析	表观密度 (kg·m⁻³)	砂当量/%	坚固性/%	吸水率/%	液限/%	塑性指数	用途、供应范围（桩号、部位）
编制人							技术负责人					

表 4.22　矿粉试验结果汇总表

承包单位											
合同号						合同段桩号					
工地验收批编号	品种	产地、生产厂家	代表数量/t	存放地点	筛分分析	表观密度/(kg·m⁻³)	亲水系数	含水率/%	加热安定性	用途、供应范围（桩号、部位）
编制人						技术负责人					

表 4.23　道路石油沥青试验结果汇总表

承包单位												
合同号							合同段桩号					
工地验收批编号	品种	产地、生产厂家	代表数量/t	存放地点	针入度/0.1 mm	延度/cm	软化点/℃	溶解度/%	闪点/℃	薄膜加热试验	含蜡量/%	用途、供应范围（桩号、部位）
编制人							技术负责人					

表4.24 工程用土试验结果汇总表

承包单位								
合同号				合同段桩号				
序号	借土场名称或挖方段桩号	土的名称代号	液限/%	塑限/%	塑性指数	最大干密度/(kg·m^{-3})	最佳含水量/%	承载比/%	用途、供应范围(桩号、部位)
	编制人			技术负责人				

2. 水泥混凝土、砂浆抗压强度试验结果汇总表

水泥混凝土、砂浆抗压强度试验结果汇总表,见表4.25~4.28。

表4.25 水泥混凝土抗压强度试验结果汇总表

承包单位							
合同号				合同段桩号			
验收批编号	混凝土设计强度/MPa	试件组数/n	强度平均值/MPa	强度最低值/MPa	标准差S_n	强度代表值/MPa	代表工程部位
	编制人			技术负责人			
	填表日期						

表4.26 水泥混凝土抗压强度评定表

承包单位							
监理单位				合同号			
验收批编号				合同段桩号			
代表部位	抽样组编号	龄期/d	抗压强度/MPa	代表部位	抽样组编号	龄期/d	抗压强度/MPa
配合比				水泥品种及强度等级			
$R=$	$n=$	$S_n=$	$R_n=$	$R_{\min}=$	$K_1=$		$K_2=$
数理统计 $R_n-K_1S_n \geqslant 0.9R$ =			$R_{\min} \geqslant K_2R$ =	非数理统计 $R_n \geqslant 1.15R$ =		$R_{\min} \geqslant 0.95R$ =	
评定结果							
试验人				监理			
试验日期							

表4.27 水泥混凝土抗压强度试验记录表

承包单位							监理单位				
合同号							编号				
代表部位	抽样组编号	试件编号	制作日期	试验日期	龄期/d	试件尺寸/cm	破坏荷载/kN	单值	平均	换算强度/MPa	设计强度/MPa
试验人							监理				
试验日期											

表4.28 水泥砂浆抗压强度试验结果汇总表

承包单位					
合同号			合同段桩号		
评定批编号	砂浆设计强度/kPa	试件组数/n	强度平均值/kPa	强度最小值/kPa	代表工程部位
编制人			技术负责人		
试验日期					

3. 路面-基层无侧限抗压强度试验结果汇总表

路面-基层无侧限抗压强度试验结果汇总表,见表4.29。

表4.29 路面-基层无侧限抗压强度试验结果汇总表

承包单位					
合同号			合同段桩号		
检查段桩号	压实度标准/%	设计强度/MPa	平均值/MPa	代表值/MPa	备注
编制人			技术负责人		
填表日期					

4. 路面-基层含灰量试验结果汇总表

路面-基层含灰量试验结果汇总表,见表4.30。

表4.30 路面-基层含灰量试验结果汇总表

序号	施工段桩号	混合料名称	稳定剂种类	设计剂量/%	实测结果						说明
					试验次数/n	平均值/%	最大值/%	最小值/%	标准差	变异系数	
	左										
	右										
	左										
	右										
	左										
	右										
	左										
	右										
	左										
	右										
	左										
	右										
	左										
	右										
	左										
	右										
编制人				技术负责人							
编制日期											

注:以"整公里"为统计单元。

5.沥青含量试验结果汇总表

沥青含量试验结果汇总表,见表4.31。

表4.31 沥青含量试验结果汇总表

序号	施工段桩号	混合料名称	设计剂量/%	实测结果				说明
				试验次数/n	平均值/%	最大值/%	最小值/%	
		左						
		右						
		左						
		右						
		左						
		右						
		左						
		右						
		左						
		右						
		左						
		右						
		左						
		右						
编制人				技术负责人				
编制日期								

注:以"整公里"为统计单元。

◆施工检验结果汇总表

1.路基压实度施工检验结果汇总表

路基压实度施工检验结果汇总表,见表4.32。

表4.32 路基压实施工检验结果汇总表

序号	施工段桩号	上路床压实度				备注
		压实度标准/%	测点数	平均值	代表值	
编制人				技术负责人		
编制日期						

注:以"整公里"为统计单元。

2. 路面基层、底基层施工检验结果汇总表

路面基层、底基层施工检验结果汇总表,见表4.33。

表4.33 路面基层、底基层施工检验结果汇总表

承包单位																						
合同号								合同段桩号														
序号	施工段桩号	压实度标准/%	压实度/%			平整度			纵断面高程			厚度/mm			宽度			横坡度			强度/MPa		验收批编号
			测点数	平均值	代表值	检查尺数	合格尺数	合格率/%	测点数	合格点数	合格率/%	设计	测点数	平均值	代表值	检查断面数	合格断面数	合格率/%	检查断面数	合格断面数	合格率/%	设计	平均值	代表值	
	左																						
	右																						
	左																						
	右																						
	左																						
	右																						
	左																						
	右																						
编制人									技术负责人														

3. 沥青混凝土路面(下、中、上)面层施工检验结果汇总表

沥青混凝土路面(下、中、上)面层施工检验结果汇总表,见表4.34。

表4.34 沥青混凝土路面(下、中、上)面层施工检验结果汇总表

承包单位																				
合同号									合同段桩号											
序号	施工段桩号	压实度标准/%	压实度/%			平整度/mm				纵断面高程			总厚度/mm			上面层厚度/mm			宽度			横坡度		
			测点数	平均值	代表值	平均值	标准差	测点数	合格点数	合格率/%	测点数	平均值	代表值	测点数	平均值	代表值	检查断面数	合格断面数	合格率/%	检查断面数	合格断面数	合格率/%
	左																				
	右																				
	左																				
	右																				
	左																				
	右																				
	左																				
	右																				
编制人									技术负责人											

注:以"整公里"为统计单元。

4. 路基、路面弯沉值检测结果汇总表

路基、路面弯沉值检测结果汇总表,见表 4.35。

表 4.35 路基、路面弯沉值检测结果汇总表

桩号	设计弯沉值/ 0.01 mm	左幅/0.01 mm				右幅/0.01 mm				备注
		测点数	平均值	标准差	代表值	测点数	平均值	标准差	代表值	
编制人					技术负责人					

注:以"整公里"为统计单元。

5. 水泥混凝土路面施工检验结果汇总表

水泥混凝土路面施工检验结果汇总表,见表 4.36。

表 4.36 水泥混凝土路面施工检验结果汇总表

承包单位																	
合同号						合同段桩号											
序号	施工段桩号	设计抗折强度/MPa	混凝土抗折强度			平整度/mm			纵断面高程			厚度/mm			宽度			横坡度			备注
			验收批编号	平均值	标准差	测点数	合格点数	合格率/%	测点数	合格率/%		设计	测点数	平均值	代表值	检查断面数	合格断面数	合格率/%	检查断面数	合格断面数	合格率/%	
	左																					
	右																					
	左																					
	右																					
	左																					
	右																					
	左																					
	右																					
	左																					
	右																					
编制人						技术负责人											

注:以"整公里"为统计单元。

4.7 施工原始记录及总结

【基　　础】

◆ **施工原始记录**

（1）施工日志。施工日志是从工程开始施工至工程竣工验收合格止，由项目负责人或指派专人逐日对整个施工过程的重要生产和技术活动的连续不断的完整的记录。

1）施工日志的内容。

①施工逐日进度、工程质量、人员进退场情况。

②设计变更或施工图的修改。

③质量、安全、机械事故分析处理情况。

④施工中采用的重要技术组织措施的实施情况。采用的新技术、新材料及新工艺的情况。

⑤各种材料的进场（包括其强度、规格、数量、合格证编号等）、送检及监督抽检情况等。

⑥施工部位或构件名称、混凝土强度等级、配合比设计报告的编号、混凝土试件（同条件试件）的制作、养护及送检情况。

⑦施工单位与建设单位、监理单位有关工程事务的协商及施工现场事务协商。

⑧上级主管部门来现场检查的指示意见及结果、监督意见及要求。

⑨现场试验情况。

⑩分项工程、检验审批质量验收情况。

⑪重要的分部（子分部）工程的中间验收及单位（子单位）工程的质量验收情况。

2）组卷将原件按原来装订模式归档；作复印件时，将其复印在标准 A4 纸上单独组卷。

（2）天气、温度及自然灾害记录，测量原始记录，各工序施工原始记录，会议记录、纪要；施工照片、音像资料及其他原始记录。

【实　　务】

◆ **施工总结**

工程完工后由施工单位编写工程竣工报告（施工总结），主要有以下内容。

（1）工程概况、工程名称、工程地址、工程结构类型及特点；主要工程量，建设、勘察、设计、监理、施工（含分包）单位名称；施工单位项目经理、技术负责人、质量管理负责人等情况。

(2)工程施工过程开工、完工日期;主要/重点施工过程的简要描述。

(3)合同及设计约定施工项目的完成情况。

(4)工程质量自检情况评定工程质量采用的标准;自评的工程质量结果。(对施工主要环节质量的检查结果;有关检测项目的检测情况、质量检测结果;功能性试验结果;施工技术资料和施工管理资料情况)

(5)主要设备调试情况。

(6)其他需说明的事项有无甩项;有无质量遗留问题;需说明的其他问题;建设行政主管部门及其委托的工程质量监督机构等有关部门责令整改问题的整改情况。

(7)经质量自检,工程是否具备竣工验收条件。项目经理、单位负责人签字,单位盖公章,填写报告日期,还应由总监理工程师签署意见并签字。

第5章 路基工程施工资料

5.1 路基土石方工程施工资料

【基 础】

◆ **成品路基检验记录**

(1)土方路基。

1)路基表面平整,边线直顺,曲线圆滑。

2)路基边坡坡面平顺,稳定,不得亏坡,曲线圆滑。

3)取土坑、弃土堆、护坡道、碎落台的位置适当,外形整齐、美观,防止水土流失。

4)路基成型后的实测项目包括路基的压实度、弯沉、纵断高程、中线偏位、宽度、平整度、横坡及边坡。

(2)石方路基。

1)上边坡不得有松石。

2)路基边线直顺,曲线圆滑。

3)路基成型后的实测项目包括路基的压实、纵断高程、中线偏位、宽度、平整度、横坡及边坡。

(3)成品路基分项工程质量评定以整公里为单元,施工检验记录也以整公里组卷。

路基土石方工程检测记录格式见表5.1~5.3。

表5.1 路基土石方工程检测记录格式(一)

项目名称				执行标准				
承包单位				合同号				
监理单位				编号				

分项工程起讫桩号:

桩号	分测项目	高程(左)/m			高程(中)/m			高程(若)/m			宽度	中线偏位/cm	
		下层标高	本层标高	厚度	下层标高	本层标高	厚度	下层标高	本层标高	厚度	实测值	左	右

监理工程师记录		检测日期	

第5章 路基工程施工资料

表 5.2 路基土石方工程检测记录格式（二）

项目名称				执行标准				
承包单位				合同号				
监理单位				编号				

分项工程起讫桩号：

桩号\分测项目	纵断高程						中线偏位		
	规定值/m	允许偏差/mm	左实测值/m	左偏差/mm	右实测值/m	右偏差/mm	允许值/mm	左偏位/mm	右偏位/mm
合计	点位：		合格点数：				点数：	合格点数：	
施工技术负责人					质量检查员				
监理工程师					日期				

表 5.3 路基土石方工程检测记录格式（三）

项目名称			执行标准		
承包单位			合同号		
监理单位			编号		

分项工程起讫桩号：

桩号\实测值	平整度/m		宽度/m		横坡/%					边坡/%	
	规定值	实测值	规定值	实测值	规定值	允许偏差	拱高/cm	左实测值	右实测值	规定值	实测值
合计	点位：合格点数：		点位：合格点数：		点位：合格点数：					点位：合格点数：	
施工技术负责人				质量检查员							
监理工程师				日期							

◆土方路基质量检验评定表

土方路基质量检验评定表,见表5.4。

表5.4 土方路基质量检验评定表

项目名称										
承包单位					执行标准					
监理单位					合同号					
					编号					
工程名称:								施工时间:		
桩号及部位:								检验时间:		
项次	检验项目			规定值或允许值			检验点数	合格点数	合格率/%	权值	检验方法和频率
				高速公路、一级公路	其他公路						
					二级公路	三、四级公路					
1	压实度/%	零填及挖方/m	0~0.30	—	—	94				3	
			0~0.80	≥96	≥95	—					
		填方/m	0~0.80	≥96	≥95	≥94					
			0.80~1.50	≥94	≥94	≥93					
			>1.50	≥93	≥92	≥90					
2	弯沉/0.01 mm			不大于设计要求值						3	
3	纵断高程/mm			+10, -15	+10, -20					2	
4	中线偏位/mm			50	100					2	
5	宽度/mm			符合设计要求						2	
6	平整度/mm			15	20					2	
7	横坡/%			±0.3	±0.5					1	
8	边坡			符合设计要求						1	
合计:											
外观鉴定:							减分		监理意见:		
质量保证资料:							减分				
工程质量等级评定:			得分		等级				日期:		
施工技术负责人					质检工程师						
监理工程师					日期						

◆ 石方路基质量检验评定表

石方路基质量检验评定表,见表5.5。

表 5.5 石方路基质量检验评定表

项目名称					执行标准				
承包单位					合同号				
监理单位					编号				
工程名称:								施工时间:	
桩号及部位:								检验时间:	
项次	检验项目		规定值或允许值		检验点数	合格点数	合格率/%	权值	检验方法和频率
			高速公路、一级公路	其他公路					
1	压实度/%		层厚和碾压遍数符合要求					3	
2	纵断高程/mm		+10, -20	+10, -30				2	
3	中线偏位/mm		50	100				2	
4	宽度/mm		符合设计要求					2	
5	平整度/mm		20	30				2	
6	横坡/%		±0.3	±0.5				1	
7	边坡/%	坡度	符合设计要求					1	
		平顺度	符合设计要求						
合计:									
外观鉴定:						减分		监理意见:	
质量保证资料:						减分			
工程质量等级评定:			得分		等级			日期:	
施工技术负责人					质检工程师				
监理工程师					日期				

◆砂垫层质量检验评定表

砂垫层质量检验评定表,见表 5.6。

表 5.6 砂垫层路基质量检验评定表

项目名称					执行标准		
承包单位					合同号		
监理单位					编号		
工程名称:					施工时间:		
桩号及部位:					检验时间:		
项次	检验项目	规定值或允许值	检验点数	合格点数	合格率/%	权值	检验方法和频率
1	砂垫层厚度	不小于设计				3	
2	砂垫层宽度	不小于设计				1	
3	反滤层设置	符合设计要求				1	
4	压实度/%	90				2	
合计:							
外观鉴定:			减分				监理意见:
质量保证资料:			减分				日期:
工程质量等级评定: 得分 等级							
施工技术负责人					质检工程师		
监理工程师							

◆袋装砂井、塑料排水板质量检验评定表

袋装砂井、塑料排水板质量检验评定表,见表5.7。

表5.7 袋装砂井、塑料排水板质量检验评定表

项目名称					执行标准		
承包单位					合同号		
监理单位					编号		
工程名称:					施工时间:		
桩号及部位:					检验时间:		
项次	检验项目	规定值或允许值	检验点数	合格点数	合格率/%	权值	检验方法和频率
1	井(板)间距/mm	±150				2	
2	井(板)长度/m	不小于设计				3	
3	竖直度/%	1.5				2	
4	砂井直径/mm	+10,-0				1	
5	灌砂量	-5				2	
合计:							

外观鉴定:

减分

监理意见:

质量保证资料:

减分

日期:

工程质量等级评定:

	得分		等级	
施工技术负责人			质检工程师	
监理工程师				

◆碎石桩(砂桩)质量检验评定表

碎石桩(砂桩)质量检验评定表,见表5.8。

表5.8 碎石桩(砂桩)质量检验评定表

项目名称			执行标准				
承包单位			合同号				
监理单位			编号				
工程名称:					施工时间:		
桩号及部位:					检验时间:		
项次	检验项目	规定值或允许值	检验点数	合格点数	合格率/%	权值	检验方法和频率
1	桩距/mm	±150				1	
2	桩径/mm	不小于设计				2	
3	桩长/m	不小于设计				3	
4	竖直度/%	1.5				2	
5	灌石(砂)量	不小于设计				2	
合计:							
外观鉴定: 减分					监理意见:		
质量保证资料: 减分					日期:		
工程质量等级评定: 得分				等级			
施工技术负责人				质检工程师			
监理工程师							

◆粉喷桩质量检验评定表

粉喷桩质量检验评定表,见表5.9。

表5.9 粉喷桩质量检验评定表

项目名称					执行标准			
承包单位					合同号			
监理单位					编号			
工程名称:						施工时间:		
桩号及部位:						检验时间:		
项次	检验项目	规定值或允许值	检验点数	合格点数	合格率/%	权值	检验方法和频率	
1	桩距/mm	±100				1		
2	桩径/mm	不小于设计				2		
3	桩长/m	不小于设计				3		
4	竖直度/%	1.5				1		
5	单桩喷粉量	不小于设计				3		
6	强度/kPa	不小于设计				3		
合计:								
外观鉴定: 减分						监理意见:		
质量保证资料: 减分						日期:		
工程质量等级评定:								
			得分		等级			
施工技术负责人					质检工程师			
监理工程师								

【实　务】

◆砂垫层质量检验评定表填写范例

砂垫层质量检验评定表填写范例,见表5.10。

表5.10　砂垫层质量检验评定表

项目名称		砂垫层		执行标准		×××	
承包单位		××集团有限公司		合同号		×××	
监理单位		××监理公司		编号		×××	
工程名称:路基						施工时间:2010-04-10	
桩号及部位:A1段						检验时间:2010-05-02	
项次	检验项目	规定值或允许值	检验点数	合格点数	合格率/%	权值	检验方法和频率
1	砂垫层厚度	不小于设计	10	10	100	3	每200 m检查4处
2	砂垫层宽度	不小于设计	10	10	100	1	每200 m检查4处
3	反滤层设置	符合设计要求	10	10	100	1	每200 m检查4处
4	压实度/%	90	10	10	100	2	每200 m检查4处
合计:						7	
外观鉴定: 砂垫层表面平坦				减分		0	监理意见: 　符合设计规范及《验评标准》的要求
质量保证资料: 资料齐全、完整、真实				减分		0	
工程质量等级评定: 　　　　得分　100　　　　等级　合格							日期: 2010-05-02
施工技术负责人		×××		质检工程师		×××	
监理工程师				×××			

◆袋装砂井、塑料排水板质量检验评定表

袋装砂井、塑料排水板质量检验评定表,见表5.11。

表5.11 袋装砂井、塑料排水板质量检验评定表

项目名称	袋装砂井、塑料排水板			执行标准			×××	
承包单位	××集团有限公司			合同号			×××	
监理单位	××监理公司			编号			×××	
工程名称:路基						施工时间:2010-04-20		
桩号及部位:A1段						检验时间:2010-05-12		
项次	检验项目	规定值或允许值	检验点数	合格点数	合格率/%	权值	检验方法和频率	
1	井(板)间距/mm	±150	5	5	100	2	抽查2%	
2	井(板)长度/m	不小于设计	10	10	100	3	查施工记录	
3	竖直度/%	1.5	10	10	100	2	查施工记录	
4	砂井直径/mm	+10,-0	5	5	100	1	挖验2%	
5	灌砂量	-5	10	10	100	2	查施工记录	
合计:						10		
外观鉴定: 砂袋的渗透系数不小于砂的渗透系数 塑料排水板技术、质量指标符合设计要求					减分	0	监理意见: 　符合设计规范及《验评标准》的要求	
质量保证资料: 资料齐全、完整、真实					减分	0	日期: 2010-05-12	
工程质量等级评定: 　　　　得分 100　　　　等级 合格								
施工技术负责人		×××		质检工程师			×××	
监理工程师					×××			

◆碎石桩(砂桩)质量检验评定表填写范例

碎石桩(砂桩)质量检验评定表填写范例,见表 5.12。

表 5.12 碎石桩(砂桩)质量检验评定表

项目名称		碎石桩		执行标准		×××	
承包单位		××集团有限公司		合同号		×××	
监理单位		××监理公司		编号		×××	
工程名称:路基					施工时间:2010-04-22		
桩号及部位:A1 段					检验时间:2010-05-15		
项次	检验项目	规定值或允许值	检验点数	合格点数	合格率/%	权值	检验方法和频率
1	桩距/mm	±150	7	7	100	1	抽查2%
2	桩径/mm	不小于设计	7	7	100	2	抽查2%
3	桩长/m	不小于设计	10	10	100	3	查施工记录
4	竖直度/%	1.5	10	10	100	2	查施工记录
5	灌石(砂)量	不小于设计	10	10	100	2	查施工记录
合计:						10	
外观鉴定: 符合设计要求					减分	0	监理意见: 符合设计规范及《验评标准》的要求
质量保证资料: 资料齐全、完整、真实					减分	0	日期: 2010-05-15
工程质量等级评定: 得分 100 等级 合格							
施工技术负责人		×××		质检工程师		×××	
监理工程师				×××			

5.2 路基排水工程施工资料

【基 础】

◆管节预制质量检验评定表

管节预制质量检验评定表,见表 5.13。

表 5.13 管节预制质量检验评定表

项目名称			执行标准				
承包单位			合同号				
监理单位			编号				

工程名称:						施工时间:	
桩号及部位:						检验时间:	
项次	检验项目	规定值或允许值	检验点数	合格点数	合格率/%	权值	检验方法和频率
1	混凝土强度/MPa	在合格标准内				3	
2	内径/mm	不小于设计				2	
3	壁厚/mm	不小于设计壁厚-3				2	
4	顺直度	矢度不大于0.2%管节长				1	
5	长度/mm	-5,0				1	
合计:							
外观鉴定:			减分			监理意见:	
质量保证资料:			减分			日期:	
工程质量等级评定:							
		得分		等级			
施工技术负责人			质检工程师				
监理工程师							

◆管道基础及管节安装质量检验评定表

管道基础及管节安装质量检验评定表,见表5.14。

表5.14 管道基础及管节安装质量检验评定表

项目名称						执行标准		
承包单位						合同号		
监理单位						编号		
工程名称:							施工时间:	
桩号及部位:							检验时间:	
项次	检验项目		规定值或允许值	检验点数	合格点数	合格率/%	权值	检验方法和频率
1	混凝土抗压强度或砂浆强度/MPa		在合格标准内				3	
2	管轴线偏位/mm		15				2	
3	管内底高程/mm		±10				2	
4	基础壁厚/mm		不小于设计				1	
5	管座	肩宽/mm	+10,-5				1	
		肩高/mm	±10					
6	抹带	宽度/mm	不小于设计				2	
		厚度/mm	不小于设计					
合计:								
外观鉴定:				减分			监理意见:	
质量保证资料:				减分				
							日期:	
工程质量等级评定:								
			得分		等级			
施工技术负责人					质检工程师			
监理工程师								

◆检查(雨水)井砌筑质量检验评定表

检查(雨水)井砌筑质量检验评定表,见表 5.15。

表 5.15 检查(雨水)井砌筑质量检验评定表

项目名称				执行标准			
承包单位				合同号			
监理单位				编号			
工程名称:						施工时间:	
桩号及部位:						检验时间:	
项次	检验项目	规定值或允许值		检验点数	合格点数	合格率/%	权值	检验方法和频率
1	砂浆强度/MPa	在合格标准内					3	
2	轴线偏位/mm	50					1	
3	圆井直径或方井长、宽/mm	±20					1	
4	井底高程/mm	±15					1	
5	井盖与相邻路面高差/mm	雨水井	0,-4				2	
		检查井	0,+4					
合 计:								
外观鉴定:			减分			监理意见:		
质量保证资料:			减分			日期:		
工程质量等级评定:								
		得分		等级				
施工技术负责人				质检工程师			
监理工程师							

◆土沟质量检验评定表

土沟质量检验评定表,见表 5.16。

表 5.16 土沟质量检验评定表

项目名称						执行标准	
承包单位						合同号	
监理单位						编号	
工程名称:						施工时间:	
桩号及部位:						检验时间:	
项次	检验项目	规定值或允许值	检验点数	合格点数	合格率/%	权值	检验方法和频率
1	沟底高程/mm	0,-30				2	
2	断面尺寸/mm	不小于设计				2	
3	边坡坡度	不陡于设计				1	
4	边棱直顺度/mm	50				1	
合计:							
外观鉴定:			减分			监理意见:	
质量保证资料:			减分			日期:	
工程质量等级评定:							
		得分		等级			
施工技术负责人				质检工程师			
监理工程师							

◆浆砌排水沟质量检验评定表

浆砌排水沟质量检验评定表,见表5.17。

表5.17 浆砌排水沟质量检验评定表

项目名称				执行标准			
承包单位				合同号			
监理单位				编号			
工程名称:						施工时间:	
桩号及部位:						检验时间:	
项次	检验项目	规定值或允许值	检验点数	合格点数	合格率/%	权值	检验方法和频率
1	砂浆强度/MPa	在合格标准内				3	
2	轴线偏位/mm	50				1	
3	沟底高程/mm	±15				2	
4	墙面顺直度或坡度/mm	30或不陡于设计				1	
5	断面尺寸/mm	±30				2	
6	铺砌厚度/mm	不小于设计				1	
7	基础垫层宽、厚/mm	不小于设计				1	
合计:							
外观鉴定:			减分			监理意见:	
质量保证资料:			减分			日期:	
工程质量等级评定:							
		得分		等级			
施工技术负责人				质检工程师			
监理工程师							

◆盲沟质量检验评定表

盲沟质量检验评定表,见表 5.18。

表 5.18 盲沟质量检验评定表

项目名称							执行标准	
承包单位							合同号	
监理单位							编号	
工程名称：							施工时间：	
桩号及部位：							检验时间：	
项次	检验项目	规定值或允许值	检验点数	合格点数	合格率/%	权值	检验方法和频率	
1	沟底高程/mm	±15				1		
2	断面尺寸/mm	不小于设计				1		
合计：								
外观鉴定： 减分							监理意见： 日期：	
质量保证资料： 减分								
工程质量等级评定： 得分　　　　　　等级								
施工技术负责人							质检工程师	
监理工程师								

◆排水泵站(沉井)质量检验评定表

排水泵站(沉井)质量检验评定表,见表5.19。

表5.19 排水泵站(沉井)质量检验评定表

项目名称				执行标准				
承包单位				合同号				
监理单位				编号				
工程名称:						施工时间:		
桩号及部位:						检验时间:		
项次	检验项目	规定值或允许值	检验点数	合格点数	合格率/%	权值	检验方法和频率	
1	混凝土强度/MPa	在合格标准内				2		
2	轴线平面偏位/mm	1.0%井深				1		
3	垂直度/mm	1.0%井深				1		
4	底面高程/mm	±50				2		
合计:								
外观鉴定:			减分			监理意见:		
质量保证资料:			减分			日期:		
工程质量等级评定:								
		得分		等级				
施工技术负责人				质检工程师				
监理工程师								

【实　务】

◆管节预制质量检验评定表填写范例

管节预制质量检验评定表填写范例,见表5.20。

表5.20　管节预制质量检验评定表

项目名称		管节预制		执行标准		×××	
承包单位		××集团有限公司		合同号		×××	
监理单位		××监理公司		编号		×××	
工程名称:路基						施工时间:2010-04-20	
桩号及部位:A1段						检验时间:2010-05-12	
项次	检验项目	规定值或允许值	检验点数	合格点数	合格率/%	权值	检验方法和频率
1	混凝土强度/MPa	在合格标准内/mm	5	5	100	3	按《公路工程质量检验评定标准 第一册 土建工程》(JTG F80/1—2004)附录D检查
2	内径/mm	不小于设计	2	2	100	2	尺量:2个断面
3	壁厚/mm	不小于设计壁厚-3	2	2	100	2	尺量:2个断面
4	顺直度	矢度不大于0.2%管节长	—	—	—	1	沿管节拉线量,取最大矢高
5	长度/mm	-5.0	—	—	—	1	尺量
合计:						9	
外观鉴定: 蜂窝麻面面积不超过该面积的1%,混凝土表面平整					减分	0	监理意见: 符合设计规范及《验评标准》的要求
质量保证资料: 资料齐全、完整、真实					减分	0	日期: 2010-05-12
工程质量等级评定: 　　　　得分　100　　　　　等级　合格							
施工技术负责人		×××			质检工程师		×××
监理工程师					×××		

◆土沟质量检验评定表填写范例

土沟质量检验评定表填写范例,见表5.21。

表5.21 土沟质量检验评定表

项目名称		土沟		执行标准			×××
承包单位		××集团有限公司		合同号			×××
监理单位		××监理公司		编号			×××
工程名称:路基					施工时间:2010-06-20		
桩号及部位:A1段					检验时间:2010-07-12		
项次	检验项目	规定值或允许值	检验点数	合格点数	合格率/%	权值	检验方法和频率
1	沟底高程/mm	0,-30	10	10	100	2	水准仪:每200 m测4处
2	断面尺寸/mm	不小于设计	20	20	100	2	尺量:每200 m测2处
3	边坡坡度	不陡于设计	20	20	100	1	尺量:每200 m测2处
4	边棱直顺度/mm	50	20	20	100	1	尺量:20 m拉线 每200 m测2处
合计:						6	
外观鉴定: 沟底无明显凹凸不平和阻水现象				减分	0	监理意见: 符合设计规范及《验评标准》的要求	
质量保证资料: 资料齐全、完整、真实				减分	0	日期: 2010-07-12	
工程质量等级评定: 得分 100　　　等级 合格							
施工技术负责人		×××		质检工程师			×××
监理工程师				×××			

◆盲沟质量检验评定表填写范例

盲沟质量检验评定表填写范例,见表5.22。

表5.22 盲沟质量检验评定表

项目名称		盲沟		执行标准		×××	
承包单位		××集团有限公司		合同号		×××	
监理单位		××监理公司		编号		×××	
工程名称:路基					施工时间:2010-03-15		
桩号及部位:A1段					检验时间:2010-04-08		
项次	检验项目	规定值或允许值	检验点数	合格点数	合格率/%	权值	检验方法和频率
1	沟底高程/mm	±15	20	20	100	1	水准仪:每10~20 m测一处
2	断面尺寸/mm	不小于设计	20	20	100	1	尺量:每20 m测一处
合计:						2	
外观鉴定: 反滤层层次分明,进出水口排水通畅					减分	0	监理意见: 符合设计规范及《验评标准》的要求
质量保证资料: 资料齐全、完整、真实					减分	0	日期: 2010-04-08
工程质量等级评定: 得分 100 等级 合格							
施工技术负责人	×××			质检工程师		×××	
监理工程师				×××			

5.3 挡土墙、防护及其他砌筑工程施工资料

【基 础】

◆砌体挡土墙质量检验评定表

砌体挡土墙质量检验评定表,见表5.23。

表5.23 砌体挡土墙质量检验评定表

项目名称				执行标准				
承包单位				合同号				
监理单位				编号				
工程名称:						施工时间:		
桩号及部位:						检验时间:		
项次	检验项目	规定值或允许值		检验点数	合格点数	合格率/%	权值	检验方法和频率
1	砂浆强度/MPa	在合格标准内					3	
2	平面位置/mm	50					1	
3	顶面高程/mm	±20					1	
4	竖直度或坡度/%	0.5					1	
5	断面尺寸/mm	不小于设计					3	
6	底面高程/mm	±50					1	
7	表面平整度/mm	块石	20				1	
		片石	30					
		混凝土块、料石	10					
合计:								
外观鉴定:			减分					
						监理意见:		
质量保证资料:			减分					
						日期:		
工程质量等级评定:								
		得分		等级				
施工技术负责人				质检工程师				
监理工程师								

◆干砌挡土墙质量检验评定表

干砌挡土墙质量检验评定表,见表5.24。

表5.24 干砌挡土墙质量检验评定表

项目名称						执行标准		
承包单位						合同号		
监理单位						编号		
工程名称:							施工时间:	
桩号及部位:							检验时间:	
项次	检验项目	规定值或允许值	检验点数	合格点数	合格率/%	权值	检验方法和频率	
1	平面位置/mm	50				2		
2	顶面高程/mm	±30				2		
3	竖直度或坡度/%	0.5				1		
4	断面尺寸/mm	不小于设计				2		
5	底面高程/mm	±50				2		
6	表面平整度/mm	50				1		
合计:								
外观鉴定:				减分			监理意见:	
质量保证资料:				减分			日期:	
工程质量等级评定:								
		得分			等级			
施工技术负责人					质检工程师			
监理工程师								

◆悬臂式和扶臂式挡土墙质量检验评定表

悬臂式和扶臂式挡土墙质量检验评定表,见表5.25。

表5.25 悬臂式和扶臂式挡土墙质量检验评定表

项目名称				执行标准			
承包单位				合同号			
监理单位				编号			
工程名称:					施工时间:		
桩号及部位:					检验时间:		
项次	检验项目	规定值或允许值	检验点数	合格点数	合格率/%	权值	检验方法和频率
1	混凝土强度/MPa	在合格标准内				3	
2	平面位置/mm	30				1	
3	顶面高程/mm	±20				1	
4	竖直度或坡度/%	0.3				1	
5	断面尺寸/mm	不小于设计				2	
6	底面高程/mm	±30				1	
7	表面平整度/mm	5				1	
合计							
外观鉴定: 减分						监理意见:	
质量保证资料: 减分						日期:	
工程质量等级评定: 得分　　　　等级							
施工技术负责人				质检工程师			
监理工程师							

◆筋带质量检验评定表

筋带质量检验评定表,见表5.26。

表5.26　筋带质量检验评定表

项目名称							执行标准		
承包单位							合同号		
监理单位							编号		
工程名称:							施工时间:		
桩号及部位:							检验时间:		
项次	检验项目	规定值或允许值	检验点数	合格点数	合格率/%		权值	检验方法和频率	
1	筋带长度或直径/mm	不小于设计					2		
2	筋带与面板连接	符合设计					2		
3	筋带与筋带连接	符合设计					1		
4	筋带铺设	符合设计					1		
合计:									
外观鉴定: 减分							监理意见:		
质量保证资料: 减分							日期:		
工程质量等级评定: 得分　　　　等级									
施工技术负责人					质检工程师				
监理工程师									

◆锚杆、拉杆质量检验评定表

锚杆、拉杆质量检验评定表,见表5.27。

表5.27 锚杆、拉杆质量检验评定表

项目名称					执行标准			
承包单位					合同号			
监理单位					编号			
工程名称:						施工时间:		
桩号及部位:						检验时间:		
项次	检验项目	规定值或允许值	检验点数	合格点数	合格率/%	权值	检验方法和频率	
1	锚杆、拉杆长度/mm	符合设计要求				2		
2	锚杆、拉杆间距/mm	±20				1		
3	锚杆、拉杆与面板连接	符合设计要求				2		
4	锚杆、拉杆防护	符合设计要求				2		
5	锚杆抗拔力/kN	抗拔力平均值≥设计值 最小抗拔力≥0.9设计值				3		
合计:								
外观鉴定:				减分			监理意见:	
质量保证资料:				减分			日期:	
工程质量等级评定:								
		得分		等级				
施工技术负责人				质检工程师				
监理工程师								

◆锥、护坡质量检验评定表

锥、护坡质量检验评定表,见表5.28。

表5.28 锥、护坡质量检验评定表

项目名称			执行标准		
承包单位			合同号		
监理单位			编号		
工程名称:				施工时间:	
桩号及部位:				检验时间:	
项次	检验项目	规定值或允许值	检验点数 合格点数 合格率/%	权值	检验方法和频率
1	砂浆强度/MPa	在合格标准内		3	
2	顶面高程/mm	±50		1	
3	表面平整度/mm	30		1	
4	坡度/%	不陡于设计		1	
5	厚度/mm	不陡于设计		2	
6	底面高程/mm	±50		1	
合计:					
外观鉴定: 减分				监理意见:	
质量保证资料: 减分				日期:	
工程质量等级评定:					
	得分		等级		
施工技术负责人			质检工程师		
监理工程师					

◆面板预制质量检验评定表

面板预制质量检验评定表,见表 5.29。

表 5.29 面板预制质量检验评定表

项目名称						执行标准		
承包单位						合同号		
监理单位						编号		
工程名称:						施工时间:		
桩号及部位:						检验时间:		
项次	检验项目	规定值或允许值	检验点数	合格点数	合格率/%	权值	检验方法和频率	
1	混凝土强度/MPa	在合格标准内				3		
2	边长/mm	±5 或 0.5%边长				2		
3	两对角线差/mm	10 或 0.7%最大对角线长				1		
4	厚度/mm	+5,−3				2		
5	表面平整度/mm	4 或 0.3%边长				1		
6	预埋件位置/mm	5				1		
合计:								
外观鉴定:			减分			监理意见:		
质量保证资料:			减分			日期:		
工程质量等级评定:								
		得分		等级				
施工技术负责人				质检工程师				
监理工程师								

◆面板安装质量检验评定表

面板安装质量检验评定表,见表 5.30。

表 5.30 面板安装质量检验评定表

项目名称		执行标准	
承包单位		合同号	
监理单位		编号	

工程名称:		施工时间:
桩号及部位:		检验时间:

项次	检验项目	规定值或允许值	检验点数 合格点数 合格率/%	权值	检验方法和频率
1	每层面板顶高程/mm	±10		1	
2	轴线偏位/mm	10		2	
3	面板竖直度或坡度	+0, -0.5%		1	
4	相邻面板错台	5		1	
合计:					

外观鉴定:		
	减分	监理意见:
质量保证资料:		
	减分	日期:
工程质量等级评定:		

	得分		等级	
施工技术负责人			质检工程师	
监理工程师				

【实　务】

◆干砌挡土墙质量检验评定表填写范例

干砌挡土墙质量检验评定表填写范例,见表5.31。

表5.31　干砌挡土墙质量检验评定表

项目名称		干砌挡土墙		执行标准		×××	
承包单位		××集团有限公司		合同号		×××	
监理单位		××监理公司		编号		×××	
工程名称:挡土墙、防护及其他砌筑工程						施工时间:2010-09-20	
桩号及部位:A2段						检验时间:2010-10-10	
项次	检验项目	规定值或允许值	检验点数	合格点数	合格率/%	权值	检验方法和频率
1	平面位置/mm	50	30	30	100	2	经纬仪:每20 m检查3点
2	顶面高程/mm	±30	30	30	100	2	水准仪:每20 m测3点
3	竖直度或坡度/%	0.5	30	30	100	1	尺量:每20 m吊垂线检查3点
4	断面尺寸/mm	不小于设计	20	20	100	2	尺量:每20 m检查2处
5	底面高程/mm	±50	10	10	100	2	水准仪:每20 m测1点
6	表面平整度/mm	50	30	30	30	1	2 m直尺:每20 m检查3处×3尺
合计:						10	
外观鉴定: 　　　符合有关规范的规定				减分		0	监理意见: 符合设计规范及《验评标准》的要求
质量保证资料: 　　　资料齐全、完整、真实				减分		0	日期: 2010-10-10
工程质量等级评定: 　　　得分　100　　　　等级　合格							
施工技术负责人		×××		质检工程师		×××	
监理工程师				×××			

◆悬臂式和扶臂式挡土墙质量检验评定表填写范例

悬臂式和扶臂式挡土墙质量检验评定表填写范例,见表5.32。

表5.32 悬臂式和扶臂式挡土墙质量检验评定表

项目名称	悬臂式和扶臂式挡土墙	执行标准	×××
承包单位	××集团有限公司	合同号	×××
监理单位	××监理公司	编号	×××

工程名称:挡土墙、防护及其他砌筑工程　　　　　　施工时间:2010-09-20
桩号及部位:A2 段　　　　　　　　　　　　　　　　检验时间:2010-10-10

项次	检验项目	规定值或允许值	检验点数	合格点数	合格率/%	权值	检验方法和频率
1	混凝土强度/MPa	在合格标准内	5	5	100	3	按《公路工程质量检验评定标准—土建工程》(JTG F80/1—2004)附录D检查
2	平面位置/mm	30	30	30	100	1	经纬仪:每20 m检查3点
3	顶面高程/mm	±20	10	10	100	1	水准仪:每20 m检查1点
4	竖直度或坡度/%	0.3	20	20	100	1	吊垂线:每20 m检查2点
5	断面尺寸/mm	不小于设计	20	20	100	2	尺量:每20 m检查2个断面,抽查扶臂2个
6	底面高程/mm	±30	10	10	100	1	水准仪:每20 m检查1点
7	表面平整度/mm	5	20	20	100	1	2 m直尺:每20 m检查2处×3尺
合计:						10	
外观鉴定: 　　混凝土施工缝平顺;沉降缝整齐垂直,上、下贯通				减分	0	监理意见: 　符合设计规范及《验评标准》的要求	
质量保证资料: 　　资料齐全、完整、真实				减分	0		
工程质量等级评定: 　　　　得分　100　　　　　等级　合格						日期: 2010-10-10	
施工技术负责人	×××		质检工程师		×××		
监理工程师			×××				

◆筋带质量检验评定表填写范例

筋带质量检验评定表填写范例,见表5.33。

表5.33 筋带质量检验评定表

项目名称		筋带		执行标准			×××	
承包单位		××集团有限公司		合同号			×××	
监理单位		××监理公司		编号			×××	
工程名称:挡土墙、防护及其他砌筑工程					施工时间:2010-03-15			
桩号及部位:A2段					检验时间:2010-04-05			
项次	检验项目	规定值或允许值	检验点数	合格点数	合格率/%	权值	检验方法和频率	
1	筋带长度或直径/mm	不小于设计	20	20	100	2	尺量:每20 m检查5根	
2	筋带与面板连接	符合设计	20	20	100	2	目测:每20 m检查5处	
3	筋带与筋带连接	符合设计	20	20	100	1	目测:每20 m检查5处	
4	筋带铺设	符合设计	20	20	100	1	目测:每20 m检查5处	
合计:						6		
外观鉴定: 墙面直顺,线形顺适,板缝均匀,伸缩缝贯通垂直					减分	0	监理意见: 符合设计规范及《验评标准》的要求	
质量保证资料: 资料齐全、完整、真实					减分	0	日期: 2010-04-05	
工程质量等级评定: 得分 100　　　等级 合格								
施工技术负责人		×××			质检工程师		×××	
监理工程师					×××			

第6章 路面工程施工资料

6.1 路面基层

【基　础】

◆ 水泥土基层和底层质量检验评定表

水泥土基层和底层质量检验评定表，见表6.1。

表6.1 水泥土基层和底层质量检验评定表

项目名称									
承包单位					执行标准				
监理单位					合同号				
					编号				
工程名称：								施工时间：	
桩号及部位：								检验时间：	
项次	检验项目		规定值或允许值				检验点数	合格点数	合格率/%	权值	检验方法和频率
			基层		底基层						
			高速公路 一级公路	其他 公路	高速公路 一级公路	其他 公路					
1	压实度 /%	代表值	—	95	95	93				3	
		极值	—	91	91	89					
2	平整度/mm		—	12	12	15				2	
3	纵断高程/mm		—	+5，-15	+5，-15	+5，-20				1	
4	宽度/mm		符合设计要求		符合设计要求					1	
5	厚度 /mm	代表值	—	-10	-10	-12				2	
		合格值	—	-20	-25	-30					
6	横坡/%		—	±0.5	±0.3	±0.5				1	
7	强度/MPa		符合设计要求		符合设计要求					3	
合计：											
外观鉴定：							减分		监理意见：		
质量保证资料：							减分				
工程质量等级评定： 得分　　　　　　等级									日期：		
施工技术负责人						质检工程师					
监理工程师											

◆水泥稳定粒料基层和底层质量检验评定表

水泥稳定粒料基层和底层质量检验评定表,见表6.2。

表6.2 水泥稳定粒料基层和底层质量检验评定表

项目名称									
承包单位					执行标准				
监理单位					合同号				
					编号				
工程名称:							施工时间:		
桩号及部位:							检验时间:		

项次	检验项目		规定值或允许值				检验点数	合格点数	合格率/%	权值	检验方法和频率
			基层		底基层						
			高速公路一级公路	其他公路	高速公路一级公路	其他公路					
1	压实度/%	代表值	98	97	96	95				3	
		极值	94	93	92	91					
2	平整度/mm		8	12	12	15				2	
3	纵断高程/mm		+5,-10	+5,-15	+5,-15	+5,-20				1	
4	宽度/mm		符合设计要求		符合设计要求					1	
5	厚度/mm	代表值	-8	-10	-10	-12				2	
		合格值	-15	-20	-25	-30					
6	横坡/%		±0.3	±0.5	±0.3	±0.5				1	
7	强度/MPa		符合设计要求		符合设计要求					3	
合计:											

外观鉴定:		监理意见:
	减分	
质量保证资料:		
	减分	日期:
工程质量等级评定:		
得分 等级		
施工技术负责人	质检工程师	
监理工程师		

◆石灰土基层和底基层质量检验评定表

石灰土基层和底基层质量检验评定表,见表6.3。

表6.3 石灰土基层和底基层质量检验评定表

项目名称									
承包单位					合同号				
监理单位					编号				
工程名称:							施工时间:		
桩号及部位:							检验时间:		
项次	检验项目	规定值或允许值				检验点数	合格点数	合格率/%	权值	检验方法和频率
		基层		底基层						
		高速公路 一级公路	其他公路	高速公路 一级公路	其他公路					
1	压实度/% 代表值	—	95	95	93				3	
	极值	—	91	91	89					
2	平整度/mm	—	12	12	15				2	
3	纵断高程/mm	+5,−10	+5,−15	+5,−15	+5,−20				1	
4	宽度/mm	符合设计要求		符合设计要求					1	
5	厚度/mm 代表值	—	−10	−10	−12				2	
	合格值	—	−20	−25	−30					
6	横坡/%	—	±0.5	±0.3	±0.5				1	
7	强度/MPa	符合设计要求		符合设计要求					3	
合计:										
外观鉴定:							减分		监理意见:	
质量保证资料:							减分		日期:	
工程质量等级评定: 得分 等级										
施工技术负责人						质检工程师				
监理工程师										

第6章 路面工程施工资料

◆石灰稳定粒料和底基层质量检验评定表

石灰稳定粒料和底基层质量检验评定表,见表6.4。

表6.4 石灰稳定粒料和底基层质量检验评定表

项目名称					执行标准				
承包单位					合同号				
监理单位					编号				
工程名称:								施工时间:	
桩号及部位:								检验时间:	

项次	检验项目		规定值或允许值				检验点数	合格点数	合格率/%	权值	检验方法和频率
			基层		底基层						
			高速公路一级公路	其他公路	高速公路一级公路	其他公路					
1	压实度/%	代表值	—	97	96	95				3	
		极值	—	96	92	91					
2	平整度/mm		—	12	12	15				2	
3	纵断高程/mm		+5,-10	+5,-15	+5,-15	+5,-20				1	
4	宽度/mm		符合设计要求		符合设计要求					1	
5	厚度/mm	代表值	—	-10	-10	-12				2	
		合格值	—	-20	-25	-30					
6	横坡/%		—	±0.5	±0.3	±0.5				1	
7	强度/MPa		符合设计要求		符合设计要求					3	
合计:											

外观鉴定:	减分	监理意见:
质量保证资料:	减分	日期:

工程质量等级评定:

得分　　　　等级

施工技术负责人		质检工程师	
监理工程师			

◆ 石灰、粉煤灰基层和底基层质量检验评定表

石灰、粉煤灰基层和底基层质量检验评定表,见表6.5。

表6.5 石灰、粉煤灰基层和底基层质量检验评定表

项目名称									
承包单位					执行标准				
监理单位					合同号				
					编号				

工程名称:							施工时间:
桩号及部位:							检验时间:

项次	检验项目		规定值或允许值				检验点数	合格点数	合格率/%	权值	检验方法和频率
			基层		底基层						
			高速公路一级公路	其他公路	高速公路一级公路	其他公路					
1	压实度 /%	代表值	—	95	95	93				3	
		极值	—	91	91	89					
2	平整度/mm		—	12	12	15				2	
3	纵断高程/mm		+5,-10	+5,-15	+5,-15	+5,-20				1	
4	宽度/mm		符合设计要求		符合设计要求					1	
5	厚度 /mm	代表值	—	-10	-10	-12				2	
		合格值	—	-20	-25	-30					
6	横坡/%		—	±0.5	±0.3	±0.5				1	
7	强度/MPa		符合设计要求		符合设计要求					3	
合计:											

外观鉴定:	减分	监理意见:
质量保证资料:	减分	日期:

工程质量等级评定:

　　　　　　得分　　　　　　　等级

施工技术负责人		质检工程师	
监理工程师			

◆石灰、粉煤灰稳定粒料基层和底基层质量检验评定表

石灰、粉煤灰稳定粒料基层和底基层质量检验评定表,见表6.6。

表6.6 石灰、粉煤灰稳定粒料基层和底基层质量检验评定表

项目名称						执行标准				
承包单位						合同号				
监理单位						编号				
工程名称:									施工时间:	
桩号及部位:									检验时间:	
项次	检验项目		规定值或允许值				检验点数	合格点数	合格率/%	权值	检验方法和频率
			基层		底基层						
			高速公路一级公路	其他公路	高速公路一级公路	其他公路					
1	压实度/%	代表值	98	97	96	95				3	
		极值	94	93	92	91					
2	平整度/mm		8	12	12	15				2	
3	纵断高程/mm		+5,-10	+5,-15	+5,-15	+5,-20				1	
4	宽度/mm		符合设计要求		符合设计要求					1	
5	厚度/mm	代表值	-8	-10	-10	-12				2	
		合格值	-15	-20	-25	-30					
6	横坡/%		±0.3	±0.5	±0.3	±0.5				1	
7	强度/MPa		符合设计要求		符合设计要求					3	
合计:											
外观鉴定:							减分			监理意见:	
质量保证资料:							减分			日期:	
工程质量等级评定:											
			得分		等级						
施工技术负责人						质检工程师				
监理工程师										

◆级配碎(砾)石基层和底基层质量检验评定表

级配碎(砾)石基层和底基层质量检验评定表,见表6.7。

表6.7 级配碎(砾)石基层和底基层质量检验评定表

项目名称						执行标准				
承包单位						合同号				
监理单位						编号				
工程名称:								施工时间:		
桩号及部位:								检验时间:		
项次	检验项目		规定值或允许值				检验点数	合格点数	合格率/%	权值	检验方法和频率
			基层		底基层						
			高速公路一级公路	其他公路	高速公路一级公路	其他公路					
1	压实度/%	代表值	98	98	96	96				3	
		极值	94	94	92	92					
2	弯沉值/0.01 mm		符合设计要求		符合设计要求					1	
3	平整度/mm		8	12	12	15				2	
4	纵断高程/mm		+5,-10	+5,-15	+5,-15	+5,-20				1	
5	宽度/mm		符合设计要求		符合设计要求					1	
6	厚度/mm	代表值	-8	-10	-10	-12				2	
		合格值	-15	-20	-25	-30					
7	横坡/%		±0.3	±0.5	±0.3	±0.5				1	
合计:											
外观鉴定:							减分		监理意见:		
质量保证资料:							减分		日期:		
工程质量等级评定: 得分 等级											
施工技术负责人						质检工程师					
监理工程师											

◆填隙砾石(矿渣)基层和底基层质量检验评定表

填隙砾石(矿渣)基层和底基层质量检验评定表,见表6.8。

表6.8 填隙砾石(矿渣)基层和底基层质量检验评定表

项目名称					执行标准				
承包单位					合同号				
监理单位					编号				
工程名称:								施工时间:	
桩号及部位:								检验时间:	

项次	检验项目	规定值或允许值				检验点数	合格点数	合格率/%	权值	检验方法和频率
		基层		底基层						
		高速公路一级公路	其他公路	高速公路一级公路	其他公路					
1	压实度/% 代表值	—	85	85	83				3	
	极值	—	82	82	80					
2	弯沉值/0.01 mm	符合设计要求		符合设计要求					2	
3	平整度/mm	—	12	12	15				2	
4	纵断高程/mm	+5,-10	+5,-15	+5,-15	+5,-20				1	
5	宽度/mm	符合设计要求		符合设计要求					1	
6	厚度/mm 代表值	—	-10	-10	-12				2	
	合格值	—	-20	-25	-30					
7	横坡/%	—	±0.5	±0.3	±0.5				1	
合计:										

外观鉴定:	监理意见:
减分	
质量保证资料:	
减分	日期:
工程质量等级评定:	
得分　　　　等级	

施工技术负责人		质检工程师	
监理工程师			

【实　务】

◆水泥土基层和底层质量检验评定表填写范例

水泥土基层和底层质量检验评定表填写范例,见表6.9。

表6.9　水泥土基层和底层质量检验评定表

项目名称		水泥土基层和底层		执行标准			×× ×
承包单位		××集团有限公司		合同号			×× ×
监理单位		××监理公司		编号			×× ×
工程名称:面层						施工时间:2010-02-14	
桩号及部位:A2段						检验时间:2010-03-19	

项次	检验项目		规定值或允许值				检验点数	合格点数	合格率/%	权值	检验方法和频率
			基层		底基层						
			高速公路一级公路	其他公路	高速公路一级公路	其他公路					
1	压实度/%	代表值	—	95	95	93	10	10	100	3	按《公路工程质量检验评定标准》(JTG F80/1—2004)附录B检查,每200 m每车道2次
		极值	—	91	91	89	10	10	100		
2	平整度/mm		—	12	12	15	10	10	100	2	3 m直尺:每200 m测2处×10尺
3	纵断高程/mm		—	+5,-15	+5,-15	+5,-20	20	20	100	1	水准仪:每200 m测4个断面
4	宽度/mm		符合设计要求		符合设计要求		20	10	100	1	尺量:每200 m测4个断面
5	厚度/mm	代表值	—	-10	-10	-12	5	5	100	2	按《公路工程质量检验评定标准》(JTG F80/1—2004)附录H检查,每200 m每车道1点
		合格值	—	-20	-25	-30	5	5	100		
6	横坡/%		—	±0.5	±0.3	±0.5	20	20	100	1	水准仪:每200 m测4个断面
7	强度/MPa		符合设计要求		符合设计要求		10	10	100	3	按《公路工程质量检验评定标准》(JTG F80/1—2004)附录G检查
合计:										13	
外观鉴定:	表面平整密实、无坑洼;施工接茬平整、稳定							减分	0		监理意见: 符合设计规范及《验评标准》的要求 日期: 2010-03-19
质量保证资料:	资料齐全、完整、真实							减分	0		
工程质量等级评定:	得分 100			等级 合格							
施工技术负责人		×××			质检工程师				×××		
监理工程师							×××				

◆填隙砾石(矿渣)基层和底基层质量检验评定表填写范例

填隙砾石(矿渣)基层和底基层质量检验评定表填写范例,见表6.10。

表6.10 填隙砾石(矿渣)基层和底基层质量检验评定表

项目名称		填隙砾石(矿渣)基层和底基层				执行标准			×××	
承包单位		××集团有限公司				合同号			×××	
监理单位		××监理公司				编号			×××	
工程名称:面层									施工时间:2010-04-10	
桩号及部位:A1段									检验时间:2010-05-02	
项次	检验项目	规定值或允许值				检验点数	合格点数	合格率/%	权值	检验方法和频率
		基层		底基层						
		高速公路一级公路	其他公路	高速公路一级公路	其他公路					
1	压实度/% 代表值	—	85	85	83	10	10	100	3	灌砂法:每200 m每车道2处
	极值	—	82	82	80	10	10	100		
2	弯沉值/0.01 mm	符合设计要求		符合设计要求		10	10	100	2	按《公路工程质量检验评定标准》(JTG F80/1—2004)附录I检查
3	平整度/mm	—	12	12	15	10	10	100	2	3 m直尺:每200 m测2处×10尺
4	纵断高程/mm	—	+5, -15	+5, -15	+5, -20	20	20	100	1	水准仪:每200 m测4个断面
5	宽度/mm	符合设计要求		符合设计要求		20	10	100	1	尺量:每200 m测4处
6	厚度/mm 代表值	—	-10	-10	-12	5	5	100	2	按《公路工程质量检验评定标准》(JTG F80/1—2004)附录H检查,每200 m每车道1点
	合格值	—	-20	-25	-30	5	5	100		
7	横坡/%	—	±0.5	±0.3	±0.5	20	20	100	1	水准仪:每200 m测4断面
合计:									12	
外观鉴定: 表面平整密实、无坑洼;施工接茬平整、稳定						减分		0	监理意见: 符合设计规范及《验评标准》的要求	
质量保证资料: 资料齐全、完整、真实						减分		0		
工程质量等级评定: 得分 100 等级 合格									日期: 2010-05-12	
施工技术负责人		×××				质检工程师			×××	
监理工程师						×××				

6.2 沥青路面

【基 础】

◆沥青混凝土面层和沥青碎(砾)石面层质量检验评定表

沥青混凝土面层和沥青碎(砾)石面层质量检验评定表,见表6.11。

表6.11 沥青混凝土面层和沥青碎(砾)石面层质量检验评定表

项目名称					执行标准				
承包单位					合同号				
监理单位					编号				
工程名称:							施工时间:		
桩号及部位:							检验时间:		
项次	检验项目		规定值或允许值		检验点数	合格点数	合格率/%	权值	检验方法和频率
			基层	底基层					
			高速公路一级公路	其他公路					
1	压实度/%		试验室标准密度的96%(98%),最大理论密度的92%(94%),试验段密度的98%(99.5%)					3	
2	平整度	σ/mm	1.2	2.5				2	
		IRI/(m·km^{-1})	2.0	4.2					
		最大间隙 h/mm	—	5					
3	弯沉值/0.01 mm		符合设计标准					2	
4	渗水系列		SMA路面200 mL/min,其他沥青混凝土路面300 mL/min	—				2	
5	抗滑	摩擦系数	符合设计要求	—				2	
		构造深度							
6	厚度 H/mm	代表值	总厚度:设计值的-5% 上面层:设计值的-10%	-8%H				3	
		合格证	总厚度:设计值的-10% 上面层:设计值的-20%	-15%H					
7	中线平面偏位/mm		20	30				1	
8	纵断面高层/mm		±15	±20				1	
9	宽度/mm	有侧石	±20	±30				1	
		无侧石	不小于设计						
10	横坡/%		±0.3	±0.5				1	
合计:									
外观鉴定:							减分	监理意见:	
质量保证资料:							减分		
工程质量等级评定:		得分		等级				日期:	
施工技术负责人					质检工程师				
监理工程师									

◆沥青贯入式面层(或上拌下贯式面层)质量检验评定表

沥青贯入式面层(或上拌下贯式面层)质量检验评定表,见表6.12。

表6.12 沥青贯入式面层(或上拌下贯式面层)质量检验评定表

项目名称				执行标准				
承包单位				合同号				
监理单位				编号				
工程名称:						施工时间:		
桩号及部位:						检验时间:		
项次	检验项目		规定值或允许值	检验点数	合格点数	合格率/%	权值	检验方法和频率
1	平整度	σ/mm	3.5				3	
		$IRI/(m \cdot km^{-1})$	5.8					
		最大间隙 h/mm	8					
2	弯沉值/0.01 mm		符合设计标准				2	
3	厚度 H/mm	代表值	$-8\%H$ 或 -5 mm				3	
		合格值	$-15\%H$ 或 -10 mm					
4	沥青总用量/$(kg \cdot m^{-2})$		±0.5%				3	
5	中线平面偏位/mm		30				1	
6	纵断高层/mm		±20				2	
7	宽度/mm	有侧石	±30				2	
		无侧石	不小于设计					
8	横坡/%		±0.5				2	
合计:								
外观鉴定:			减分				监理意见:	
质量保证资料:			减分				日期:	
工程质量等级评定:								
	得分		等级					
施工技术负责人				质检工程师				
监理工程师								

◆沥青表面处治面层质量检验评定表

沥青表面处治面层质量检验评定表,见表6.13。

表6.13 沥青表面处治面层质量检验评定表

项目名称				执行标准				
承包单位				合同号				
监理单位				编号				

工程名称:						施工时间:		
桩号及部位:						检验时间:		
项次	检验项目		规定值或允许值	检验点数	合格点数	合格率/%	权值	检验方法和频率
1	平整度	σ/mm	4.5				2	
		IRI/(m·km^{-1})	7.5					
		最大间隙 h/mm	10					
2	弯沉值/0.01 mm		符合设计标准				2	
3	厚度 H/mm	代表值	-5				3	
		合格值	-10					
4	沥青总用量/(kg·m^{-2})		±0.5%				2	
5	中线平面偏位/mm		30				1	
6	纵断高层/mm		±20				1	
7	宽度/mm	有侧石	±30				2	
		无侧石	不小于设计					
8	横坡/%		±0.5				1	
合计:								

外观鉴定:	减分	监理意见:
质量保证资料:	减分	日期:

工程质量等级评定:				
	得分		等级	
施工技术负责人			质检工程师	
监理工程师				

【实　务】

◆沥青贯入式面层(或上拌下贯式面层)质量检验评定表填写范例

沥青贯入式面层(或上拌下贯式面层)质量检验评定表填写范例,见表6.14。

表6.14　沥青贯入式面层(或上拌下贯式面层)质量检验评定表

项目名称			沥青贯入式面层(或上拌下贯式面层)		执行标准		×××	
承包单位			××集团有限公司		监理单位		××监理公司	
工程名称:面层							施工时间:2010-07-10	
桩号及部位:A1段							检验时间:2010-08-10	
项次	检验项目		规定值或允许值	检验点数	合格点数	合格率/%	权值	检验方法和频率
1	平整度	σ/mm	3.5	10	10	100	3	平整度仪:全线每车道连续按每100 m计算IRI或σ
		IRI/(m·km^{-1})	5.8	10	10	100		
		最大间隙h/mm	8	10	10	100		
2	弯沉值/0.01 mm		符合设计标准	10	10	100	2	3 m直尺:每200 m测2处×10尺
3	厚度H/mm	代表值	$-8\%H$或-5 mm	10	10	100	3	按《公路工程质量检验评定标准》(JTG F80/1—2004)附录I检查
		合格值	$-15\%H$或-10 mm	10	10	100		
4	沥青总用量/(kg·m^{-2})		±0.5%	20	20	100	3	每工作日每层洒布查1次
5	中线平面偏位/mm		30	20	20	100	1	经纬仪:每200 m测4点
6	纵断高层/mm		±20	20	20	100	2	水准仪:每200 m测4断面
7	宽度/mm	有侧石	±30	20	20	100	2	尺量:每200 m测4处
		无侧石	不小于设计	20	20	100		
8	横坡/%		±0.5	20	20	100	2	水准仪:每200 m测4断面
合计:							18	
外观鉴定: 　　表面平整密实,无明显碾压轮迹						减分	0	监理意见: 符合设计规范的要求
质量保证资料: 　　符合设计规范的要求						减分	0	日期: 2010-08-10
工程质量等级评定: 　　　　得分　100　　　　等级　合格								
施工技术负责人	×××		质检工程师	×××			监理工程师	×××

◆沥青表面处治面层质量检验评定表填写范例

沥青表面处治面层质量检验评定表填写范例,见表6.15。

表6.15 沥青表面处治面层质量检验评定表

项目名称		沥青表面处治面层		执行标准			×××	
承包单位		××集团有限公司		合同号			×××	
监理单位		××监理公司		编号			×××	
工程名称:面层						施工时间:2010-04-10		
桩号及部位:A1段						检验时间:2010-05-02		
项次	检验项目		规定值或允许值	检验点数	合格点数	合格率/%	权值	检验方法和频率
1	平整度	σ/mm	4.5				2	平整度仪:全线每车道连续按每100 m计算IRI或σ
		IRI/(m·km^{-1})	7.5					
		最大间隙h/mm	10					
2	弯沉值/0.01 mm		符合设计标准				2	3 m直尺:每200 m测2处×10尺
3	厚度H/mm	代表值	-5				3	按《公路工程质量检验评定标准》(JTG F80/1—2004)附录I检查
		合格值	-10					
4	沥青总用量/(kg·m^{-2})		±0.5%				2	每工作日每层洒布查1次
5	中线平面偏位/mm		30				1	经纬仪:每200 m测4点
6	纵断高层/mm		±20				1	水准仪:每200 m测4断面
7	宽度/mm	有侧石	±30				2	尺量:每200 m测4处
		无侧石	不小于设计					
8	横坡/%		±0.5				1	水准仪:每200 m测4断面
合计:							14	
外观鉴定: 表面平整密实,无明显碾压轮迹					减分	0	监理意见: 符合设计规范的要求	
质量保证资料: 符合设计规范的要求					减分	0	日期: 2010-05-02	
工程质量等级评定: 得分 100 等级 合格								
施工技术负责人	×××		质检工程师	×××			监理工程师	×××

6.3 水泥混凝土路面

【基 础】

◆**水泥混凝土面层质量检验评定表**

水泥混凝土面层质量检验评定表,见表6.16。

表6.16 水泥混凝土面层质量检验评定表

项目名称					执行标准			
承包单位					合同号			
监理单位					编号			
工程名称:					施工时间:			
桩号及部位:					检验时间:			
项次	检验项目		规定值或允许偏差		检验点数	合格点数	合格率/%	权值	检验方法和频率
			高速公路、一级公路	其他公路					
1	弯拉强度/MPa		在合格标准内					3	
2	板厚/mm	代表值	−5					3	
		极值	−10						
3	平整度	σ/mm	1.2	2.0				2	
		IRI/(m·km^{-1})	2.0	3.2					
		最大间隙 h/mm	—	5					
4	抗滑构造深度/mm		一般路段不小于0.7且不大于1.1;特殊路段不小于0.8且不大于1.2	一般路段不小于0.5且不大于1.0;特殊路段不小于0.6且不大于1.1				2	
5	相邻板、高差/mm		2	3				2	
6	纵、横缝顺直度/mm		10					1	
7	中线平面偏位/mm		20					1	
8	路面宽度/mm		±20					1	
9	纵向高程/mm		±10	±15				1	
10	横坡/%		±0.15	±0.25				1	
合计:									
外观鉴定:					减分			监理意见:	
质量保证资料:					减分			日期:	
工程质量等级评定:			得分		等级				
施工技术负责人					质检工程师				
监理工程师									

◆水泥混凝土路面面层检测记录

水泥混凝土路面面层检测记录,见表6.17和表6.18。

表6.17 水泥混凝土路面面层检测记录(一)

项目名称		执行标准						
承包单位		合同号						
监理单位		编号						
分项工程起讫桩号:								
实测值 桩号	平整度/mm		抗滑构造深度/mm		相邻板高差/mm		纵、横缝顺直度/mm		
	规定值	实测值	规定值	实测值	规定值	实测值	规定值	实测值 (纵缝)	实测值 (横缝)
合计	点数: 合格点:		点数: 合格点:		点数: 合格点:		点数: 合格点:		
施工技术负责人				质量检查员					
监理工程师				日期					

表6.18 水泥混凝土路面面层检测记录(二)

项目名称		执行标准	
承包单位		合同号	
监理单位		编号	
分项工程起讫桩号:			
实测值 桩号	中线偏位/mm	路面宽度	纵断高程	横坡/%
合计	点数: 合格点:	点数: 合格点:	点数: 合格点:	点数: 合格点:
施工技术负责人		质量检查员		
监理工程师		日期		

【实 务】

◆水泥混凝土面层质量检验评定表

水泥混凝土面层质量检验评定表,见表6.19。

表6.19 水泥混凝土面层质量检验评定表

项目名称		水泥混凝土面层		执行标准			×××	
承包单位		××集团有限公司		合同号			×××	
监理单位		××监理公司		编号			×××	
工程名称:面层							施工时间:2010-09-12	
桩号及部位:A2段							检验时间:2010-10-15	
项次	检验项目	规定值或允许偏差		检验点数	合格点数	合格率/%	权值	检验方法和频率
		高速公路、一级公路	其他公路					
1	弯拉强度/MPa	在合格标准内		10	10	100	3	按《公路工程质量检验评定标准》(JTG F80/1—2004)附录C检查
2	板厚/mm 代表值	-5		10	10	100	3	按《公路工程质量检验评定标准》(JTG F80/1—2004)附录H检查,每200 m每车道2处
	极值	-10		20	20	100		
3	平整度 σ/mm	1.2	2.0	20	20	100	2	平整度仪:全线每车道连续检测,每100 m计算 σ、IRI
	IRI/(m·km^{-1})	2.0	3.2	20	20	100		3 m 直尺:半幅车道板带每200 m测2处×10尺
	最大间隙 h/mm	—	5	10	10	100		
4	抗滑构造深度/mm	一般路段不小于0.7且不大于1.1;特殊路段不小于0.8且不大于1.2	一般路段不小于0.5且不大于1.0;特殊路段不小于0.6且不大于1.1	5	5	100	2	铺砂法:每200 m测1处
5	相邻板、高差/mm	2	3	10	10	100	2	抽量:每条胀缝2点;每200 m抽纵、横缝各2条,每条2点
6	纵、横缝顺直度/mm	10		20	20	20	1	纵缝20 m拉线,每200 m测4处 横缝沿板宽拉线,每200 m测4条

续表6.16

项次	检验项目	规定值或允许偏差 高速公路、一级公路	规定值或允许偏差 其他公路	检验点数	合格点数	合格率/%	权值	检验方法和频率
7	中线平面偏位/mm	20	20	20	20	100	1	经纬仪：每200 m测4点
8	路面宽度/mm	±20	±20	20	20	100	1	抽量：每200 m测4处
9	纵向高程/mm	±10	±15	20	20	100	1	水准仪：每200 m测4断面
10	横坡/%	±0.15	±0.25	20	20	100	1	水准仪：每200 m测4断面
合计：							17	

外观鉴定：			监理意见：
混凝土板表面无脱皮、印痕、裂纹和缺边掉角现象	减分	0	符合设计规范及《验评标准》的要求
质量保证资料：			
资料齐全、完整、真实	减分	0	日期：2010-10-15

工程质量等级评定：

得分 100　　　　　等级 合格

施工技术负责人	×××	质检工程师	×××
监理工程师		×××	

6.4 路缘石

【基　　础】

◆路缘石铺设质量检验评定表

路缘石铺设质量检验评定表,见表6.20。

表6.20　路缘石铺设质量检验评定表

项目名称				执行标准				
承包单位				合同号				
监理单位				编号				
工程名称:							施工时间:	
桩号及部位:							检验时间:	
项次	检验项目		规定值或允许值	检验点数	合格点数	合格率/%	权值	检验方法和频率
1	直顺度/mm		15				3	
2	预制铺设	相邻两块高差/mm	3				2	
		相邻两块缝宽/mm	±3				1	
	现浇	宽度/mm	±5				2	
3	顶面高程/mm		±10				2	
合计:								
外观鉴定:				减分			监理意见:	
质量保证资料:				减分			日期:	
工程质量等级评定:								
		得分		等级				
施工技术负责人				质检工程师				
监理工程师								

◆路缘石铺设现场质量检验报告单

路缘石铺设现场质量检验报告单,见表6.21。

表6.21 路缘石铺设现场质量检验报告单

工程名称				施工时间	
承包单位				合同号	
监理单位				编号	
桩号及部位				检验时间	
项次	检验项目	规定值或允许偏差		检验结果	检验方法和频率
1	直顺度/mm				
2	相邻两块高差/mm				
3	相邻两块缝宽/mm				
4	顶面高程/mm				

结论:

监理工程师:　　　　　日期:

承包人			年　月　日

第6章 路面工程施工资料

【实　务】

◆路缘石铺设质量检验评定表填写范例

路缘石铺设质量检验评定表填写范例,见表6.22。

表6.22　路缘石铺设质量检验评定表

项目名称		路缘石铺设		执行标准			×××	
承包单位		××集团有限公司		合同号			×××	
监理单位		××监理公司		编号			×××	
工程名称:面层							施工时间:2010-09-20	
桩号及部位:A1段							检验时间:2010-10-13	
项次	检验项目		规定值或允许值	检验点数	合格点数	合格率/%	权值	检验方法和频率
1	直顺度/mm		15	20	20	100	3	20 m拉线:每200 m测4处
2	预制铺设	相邻两块高差/mm	3	20	20	100	2	水平尺:每200 m测4处
		相邻两块缝宽/mm	±3	20	20	100	1	尺量:每200 m测4处
	现浇	宽度/mm	±5	20	20	100	2	尺量:每200 m测4处
3	顶面高程/mm		±10	20	20	100	2	水准仪:每200 m测4点
合计:							10	
外观鉴定: 　　勾缝密实均匀,无杂物污染 　　缘石与路面齐平,排水口整齐、通畅、无阻水现象						减分	0	监理意见: 　符合设计规范及《验评标准》的要求
质量保证资料: 　　资料齐全、完整、真实						减分	0	日期: 2010-10-13
工程质量等级评定: 　　　　　得分　100　　　　　等级　合格								
施工技术负责人		×××			质检工程师		×××	
监理工程师				×××				

6.5 路肩

【基 础】

◆ 路肩质量检验评定表

路肩质量检验评定表,见表6.23。

表6.23 路肩质量检验评定表

项目名称:			执行标准		
承包单位:			合同号		
监理单位:			编号		
工程名称:				施工时间:	
桩号及部位:				检验时间:	
项次	检验项目	规定值或允许值	检验点数	合格点数	合格率/%	权值	检验方法和频率
1	压实度/%	不小于设计值				2	
2	平整度/mm 土路肩	20				2	
	平整度/mm 硬路肩	10				1	
3	横坡/%	±1.0				1	
4	宽度/mm	符合设计要求				2	
合计:							
外观鉴定: 减分						监理意见:	
质量保证资料: 减分						日期:	
工程质量等级评定:							
得分		等级					
施工技术负责人				质检工程师			
监理工程师							

◆路肩现场质量检验报告单

路肩现场质量检验报告单,见表6.24。

表6.24 路肩现场质量检验报告单

项目名称		执行标准	
承包单位		合同号	
监理单位		编号	

工程名称:							施工时间:	
桩号及部位:							检验时间:	
项次	检验项目		规定值或允许值	检验点数	合格点数	合格率/%	权值	检验方法和频率
1	压实度/%							
2	平整度/mm	土路肩						
3	横坡/%							
4	宽度/mm							

结论:

	监理工程师:		日期:
承包人			年 月 日

【实 务】

◆路肩质量检验评定表填写范例

路肩质量检验评定表填写范例,见表6.25。

表6.25 路肩质量检验评定表

项目名称		砂垫层		执行标准			×××	
承包单位		××集团有限公司		合同号			×××	
监理单位		××监理公司		编号			×××	
工程名称:面层						施工时间:2010-04-10		
桩号及部位:A1段						检验时间:2010-05-02		
项次	检验项目		规定值或允许值	检验点数	合格点数	合格率/%	权值	检验方法和频率
1	压实度/%		不小于设计值	10	10	100	2	按《公路工程质量检验评定标准》(JTG F80/1—2004)附录B检查,每200 m测2处
2	平整度/mm	土路肩	20	10	10	100	2	3 m直尺:每200 m测2处×4尺
		硬路肩	10	10	10	100	1	
3	横坡/%		±1.0	10	10	100	1	水准仪:每200 m测2处
4	宽度/mm		符合设计要求	10	10	100	2	尺量:每200 m测2处
合计:							8	
外观鉴定: 路肩无阻水现象,边缘直顺,无其他堆积物						减分	0	监理意见: 符合设计规范及《验评标准》的要求
质量保证资料: 资料齐全、完整、真实						减分	0	日期: 2010-05-02
工程质量等级评定: 得分 100 等级 合格								
施工技术负责人		×××				质检工程师		×××
监理工程师				×××				

第7章 桥梁工程施工资料

7.1 砌体

【基 础】

◆**基础砌体质量检验评定表**

基础砌体质量检验评定表,见表7.1。

表7.1 基础砌体质量检验评定表

项目名称		执行标准					
承包单位		合同号					
监理单位		编号					
工程名称:						施工时间:	
桩号及部位:						检验时间:	
项次	检验项目		规定值或允许值	检验点数	合格点数	合格率/%	权值	检验方法和频率
1	砂浆强度/MPa		在合格标准内				3	
2	轴线偏位/mm		25				2	
3	平面尺寸/mm		±50				2	
4	顶面高程/mm		±30				1	
5	基底高程/mm	土质	±50				2	
		石质	+50,-200					
合计:								
外观鉴定:				减分			监理意见:	
质量保证资料:				减分				
							日期:	
工程质量等级评定:								
			得分		等级			
施工技术负责人		质检工程师				监理工程师		

◆墩、台身砌体质量检验评定表

墩、台身砌体质量检验评定表,见表7.2。

表7.2 墩、台身砌体质量检验评定表

项目名称							执行标准		
承包单位							合同号		
监理单位							编号		
工程名称:							施工时间:		
桩号及部位:							检验时间:		
项次	检验项目		规定值或允许值	检验点数	合格点数	合格率/%	权值	检验方法和频率	
1	砂浆强度/MPa		在合格标准内				3		
2	轴线偏位/mm		20				1		
3	墩台长、宽/mm	料石	+20,-10				1		
		块石	+30,-10						
		片石	+40,-10						
4	竖直度或坡度	料石、块石	0.3%				1		
		片石	0.5%						
5	墩、台顶面高程/mm		±10				2		
6	大面积平整度/mm	料石	10				1		
		块石	20						
		片石	30						
合计:									
外观鉴定:				减分			监理意见:		
质量保证资料:				减分			日期:		
工程质量等级评定:									
得分			等级						
施工技术负责人			质检工程师				监理工程师		

第7章 桥梁工程施工资料

◆拱圈砌体质量检验评定表

拱圈砌体质量检验评定表,见表7.3。

表7.3 拱圈砌体质量检验评定表

项目名称				执行标准			
承包单位				合同号			
监理单位				编号			

工程名称:							
桩号及部位:				检验时间:			
				施工时间:			

项次	检验项目		规定值或允许值	检验点数	合格点数	合格率/%	权值	检验方法和频率
1	砂浆强度/MPa		在合格标准内				3	
2	砌体外侧平面偏位/mm	无镶面	+30,-10				1	
		有镶面	+20,-10					
3	拱圈厚度/mm		+30,-0				2	
4	相邻镶面石砌块表层错位/mm	料石、混凝土预制块	3				1	
		块石	5					
5	内弧线偏离设计弧线/mm	跨径≤30 m	±20				2	
		跨径>30 m	±1/1 500 跨径					
		极值	拱腹四分点:允许偏差的2倍且反向					

合计:			
外观鉴定: 减分			监理意见: 日期:
质量保证资料: 减分			
工程质量等级评定: 得分　　　　等级			
施工技术负责人		质检工程师	
监理工程师			

◆侧墙砌体质量检验评定表

侧墙砌体质量检验评定表,见表7.4。

表7.4 侧墙砌体质量检验评定表

项目名称						执行标准		
承包单位						合同号		
监理单位						编号		
工程名称:							施工时间:	
桩号及部位:							检验时间:	
项次	检验项目		规定值或允许值	检验点数	合格点数	合格率/%	权值	检验方法和频率
1	砂浆强度/MPa		在合格标准内				3	
2	外侧平面偏位/mm	无镶面	+30,-10				1	
		有镶面	+20,-10					
3	宽度/mm		+40,-10				2	
4	顶面高层/mm		±10				2	
5	竖直度或坡度%	片石、砌体	0.5%				1	
		块石、粗料石、料石、混凝土块镶面	0.3%					
合计:								
外观鉴定:			减分				监理意见:	
质量保证资料:			减分				日期:	
工程质量等级评定:								
	得分			等级				
施工技术负责人						质检工程师		
监理工程师								

【实 务】

◆ 基础砌体质量检验评定表填写范例

基础砌体质量检验评定表填写范例,见表7.5。

表7.5 基础砌体质量检验评定表

项目名称		基础砌体		执行标准		×××	
承包单位		××集团有限公司		合同号		×××	
监理单位		××监理公司		编号		×××	
工程名称:砌体						施工时间:2010-08-12	
桩号及部位:A1段						检验时间:2010-09-15	
项次	检验项目	规定值或允许值	检验点数	合格点数	合格率/%	权值	检验方法和频率
1	砂浆强度/MPa	在合格标准内	10	10	100	3	按《公路工程质量检验评定标准》(JTG F80/1—2004)附录F检查
2	轴线偏位/mm	25	10	10	100	2	经纬仪:纵、横各测量2点
3	平面尺寸/mm	±50	6	6	100	2	尺量:长、宽各3处
4	顶面高程/mm	±30	6	6	100	1	水准仪:测5~8点
5	基底高程/mm 土质	±50	6	6	100	2	
	石质	+50,-200	6	6	100		
合计:						10	
外观鉴定: 砌体表面平整、无裂隙				减分		0	监理意见: 符合设计规范及《验评标准》的要求
质量保证资料: 资料齐全、完整、真实				减分		0	
工程质量等级评定: 得分 100 等级 合格							日期 2010-09-15
施工技术负责人	×××	质检工程师		×××	监理工程师		×××

◆侧墙砌体质量检验评定表填写范例

侧墙砌体质量检验评定表填写范例,见表7.6。

表 7.6 侧墙砌体质量检验评定表

项目名称		侧墙砌体		执行标准			×××	
承包单位		××集团有限公司		合同号			×××	
监理单位		××监理公司		编号			×××	
工程名称:砌体							施工时间:2010-04-10	
桩号及部位:A1段							检验时间:2010-05-02	
项次	检验项目		规定值或允许值	检验点数	合格点数	合格率/%	权值	检验方法和频率
1	砂浆强度/MPa		在合格标准内	10	10	100	3	按《公路工程质量检验评定标准》(JTG F80/1—2004)附录F检查
2	外侧平面偏位/mm	无镶面	+30,-10	5	5	100	1	经纬仪:抽查5处
		有镶面	+20,-10	5	5	100		
3	宽度/mm		+40,-10	5	5	100	2	尺量:检查5处
4	顶面高程/mm		±10	5	5	100	2	水准仪:检查5点
5	竖直度或坡度/%	片石、砌体	0.5%	5	5	100	1	垂线:每侧墙面检查1~2处
		块石、粗料石、料石、混凝土块镶面	0.3%	6	6	100		
合计:							9	
外观鉴定: 砌体表面直顺、平整,勾缝平顺、无开裂和脱落现象				减分		0	监理意见: 符合设计规范及《验评标准》的要求	
质量保证资料: 资料齐全、完整、真实				减分		0		
工程质量等级评定: 得分 100 等级 合格							日期: 2010-05-02	
施工技术负责人		×××				质检工程师	×××	
监理工程师				×××				

7.2 基础工程施工资料

【基　　础】

◆钻孔灌注桩质量检验评定表

钻孔灌注桩质量检验评定表,见表 7.7。

表 7.7　钻孔灌注桩质量检验评定表

项目名称					执行标准				
承包单位					合同号				
监理单位					编号				
工程名称:							施工时间:		
桩号及部位:							检验时间:		
项次	检验项目			规定值或允许值	检验点数	合格点数	合格率/%	权值	检验方法和频率
1	砂浆强度/MPa			在合格标准内				3	
2	桩位/mm	群桩		100				2	
		排架桩	允许	50					
			极值	100					
3	孔深/m			不于设计				3	
4	孔径/mm			不于设计				3	
5	钻孔倾斜度/mm			1% 桩长,且不大于 500				1	
6	沉淀厚度/mm	摩擦桩		设计规定,设计未规定时按施工规范要求				2	
		支承桩		不大于设计规定					
7	钢筋骨架底面高程/mm			±50				1	
合计									
外观鉴定:						减分	监理意见:		
质量保证资料:						减分			
工程质量等级评定:							日期:		
	得分			等级					
施工技术负责人					质检工程师				
监理工程师									

◆挖孔桩质量检验评定表

挖孔桩质量检验评定表,见表7.8。

表7.8 挖孔桩质量检验评定表

项目名称					执行标准			
承包单位					合同号			
监理单位					编号			
工程名称:						施工时间:		
桩号及部位:						检验时间:		
项次	检验项目			规定值或允许值	检验点数	合格点数	合格率/%	权值	检验方法和频率
1	砂浆强度/MPa			在合格标准内				3	
2	桩位/mm	群桩		100				2	
		排架桩	允许	50					
			极值	100					
3	孔深/m			不于设计				3	
4	孔径/mm			不于设计				3	
5	钻孔倾斜度/mm			0.5%桩长,且不大于200				1	
6	钢筋骨架底面高程/mm			±50				1	
合计:									

外观鉴定:

减分

监理意见:

质量保证资料:

减分

日期:

工程质量等级评定:

得分　　　　　等级

施工技术负责人		质检工程师	
监理工程师			

◆扩大基础质量检验评定表

扩大基础质量检验评定表,见表7.9。

表7.9 扩大基础质量检验评定表

项目名称							执行标准		
承包单位							合同号		
监理单位							编号		
工程名称:							施工时间:		
桩号及部位:							检验时间:		
项次	检验项目		规定值或允许值	检验点数	合格点数	合格率/%	权值	检验方法和频率	
1	砂浆强度/MPa		在合格标准内				3		
2	平面尺寸/mm		±50				2		
3	基础底面高程/mm	土质	±50				2		
		石质	+50,-200						
4	基础顶面高程/m		±30				1		
5	轴线偏位/mm		25				2		
合计:									
外观鉴定:			减分				监理意见:		
质量保证资料:			减分						
工程质量等级评定:							日期:		
		得分		等级					
施工技术负责人							质检工程师		
监理工程师									

◆沉桩质量检验评定表

沉桩质量检验评定表,见表 7.10。

表 7.10 沉桩质量检验评定表

项目名称					执行标准			
承包单位					合同号			
监理单位					编号			
工程名称:							施工时间:	
桩号及部位:							检验时间:	
项次	检验项目			规定值或允许值	检验点数	合格点数	合格率/%	权值	检验方法和频率
1	混凝土强度/MPa	群桩	中间桩	$d/2$(d 为桩的直径)且不大于250				2	
			外缘桩	$d/4$					
		排架桩	顺桥方向	40					
			垂直桥轴方向	50					
2	桩尖高程/mm			不高于设计规定				3	
	贯入度/mm			小于设计规定					
3	倾斜度		直桩	1%				2	
			斜桩	15%tanθ(θ 为桩的倾斜度)					
合计:									
外观鉴定:						减分		监理意见:	
质量保证资料:						减分			
工程质量等级评定:								日期:	
		得分			等级				
施工技术负责人					质检工程师				
监理工程师									

◆ 预制桩质量检验评定表

预制桩质量检验评定表,见表7.11。

表7.11 预制桩质量检验评定表

项目名称				执行标准				
承包单位				合同号				
监理单位				编号				
工程名称:						施工时间:		
桩号及部位:						检验时间:		
项次	检验项目		规定值或允许值	检验点数	合格点数	合格率/%	权值	检验方法和频率
1	混凝土强度/MPa		在合格标准内				3	
2	长度/mm		±50				1	
3	横截面/mm	桩的边长	±5				2	
		空心桩空心(管芯)直径	±5					
		空心中心与桩中心偏差	±5					
4	桩尖对桩的纵轴线/mm		10				1	
5	桩纵轴线弯曲矢高/mm		0.1%桩长,且不大于20				1	
6	桩顶面与桩纵轴线倾斜偏差/mm		1%桩径或边长,且不大于3				1	
7	接桩的接头平面与桩轴平面垂直度		0.5%				1	
合计:								
外观鉴定:					减分		监理意见:	
质量保证资料:					减分			
							日期:	
工程质量等级评定: 得分 等级								
施工技术负责人						质检工程师		
监理工程师								

◆地下连续墙质量检验评定表

地下连续墙质量检验评定表,见表7.12。

表7.12 地下连续墙质量检验评定表

项目名称			执行标准		
承包单位			合同号		
监理单位			编号		
工程名称:				施工时间:	
桩号及部位:				检验时间:	

项次	检验项目	规定值或允许值	检验点数	合格点数	合格率/%	权值	检验方法和频率
1	混凝土强度/MPa	在合格标准内				3	
2	轴线位置/mm	30				1	
3	倾斜度/mm	0.5%墙深				1	
4	沉淀厚度	符合设计要求				2	
5	外形尺寸/mm	-0,+30				1	
6	顶面高程/mm	±10				1	
合计:							

外观鉴定: 减分	监理意见:
质量保证资料: 减分	日期:
工程质量等级评定: 得分　　　　　等级	
施工技术负责人	质检工程师
监理工程师	

◆沉井质量检验评定表

沉井质量检验评定表,见表7.13。

表7.13 沉井质量检验评定表

项目名称				执行标准				
承包单位				合同号				
监理单位				编号				
工程名称:							施工时间:	
桩号及部位:							检验时间:	
项次	检验项目		规定值或允许值	检验点数	合格点数	合格率/%	权值	检验方法和频率
1	各节沉井混凝土强度/MPa		在合格标准内				3	
2	沉井平面尺寸/mm	长、宽	±0.5%边长,大于24 m时±120				1	
		半径	±0.5%半径,大于12 m时±60					
3	井壁厚度/mm	混凝土	+40,-30				1	
		钢壳和钢筋混凝土	±15					
4	沉井刃脚高程/mm		符合设计规定				1	
5	中心偏拉(纵、横向)/mm	一般	1/50 井高				2	
		浮式	1/50 井高 + 250					
6	沉井最大倾斜度(纵、横向)/mm		1/50 井高				2	
7	平面扭转角/°	一般	1				1	
		浮式	2					
合计:								
外观鉴定:						减分	监理意见:	
质量保证资料:						减分	日期:	
工程质量等级评定:								
		得分		等级				
施工技术负责人				质检工程师				
监理工程师								

◆大体积混凝土结构质量检验评定表

大体积混凝土结构质量检验评定表,见表7.14。

表7.14 大体积混凝土结构质量检验评定表

项目名称				执行标准		
承包单位				合同号		
监理单位				编号		
工程名称:					施工时间:	
桩号及部位:					检验时间:	
项次	检验项目	规定值或允许值	检验点数	合格点数	合格率/%	权值	检验方法和频率
---	---	---	---	---	---	---	---
1	混凝土强度/MPa	在合格标准内				3	
2	轴线位置/mm	20				2	
3	断面尺寸/mm	±30				2	
4	结构高度/mm	±30				1	
5	顶面高程/mm	±20				−2	
6	大面积平整度/mm	8				1	
合计:							
外观鉴定:			减分		监理意见:		
质量保证资料:			减分				
					日期:		
工程质量等级评定:							
	得分		等级				
施工技术负责人				质检工程师			
监理工程师							

【实　务】

◆钻孔灌注桩质量检验评定表填写范例

钻孔灌注桩质量检验评定表填写范例，见表7.15。

表7.15　钻孔灌注桩质量检验评定表

项目名称		钻孔灌注桩	执行标准			×××		
承包单位		××集团有限公司	合同号			×××		
监理单位		××监理公司	编号			×××		
工程名称：砌体						施工时间：2010-10-23		
桩号及部位：A2段						检验时间：2010-11-25		
项次	检验项目		规定值或允许值	检验点数	合格点数	合格率/%	权值	检验方法和频率
1	混凝土强度/MPa		在合格标准内	10	10	100	3	按《公路工程质量检验评定标准》(JTG F80/1—2004)附录D检查
2	桩位/mm	群桩	100	20	20	100	2	全站仪或经纬仪：每桩检查
		排架桩 允许	50	20	20	100		
		排架桩 极值	100	20	20	100		
3	孔深/m		不于设计	20	20	100	3	测绳量：每桩测量
4	孔径/mm		不于设计	20	20	100	3	探孔器：每桩测量
5	钻孔倾斜度/mm		1%桩长，且不大于500	20	20	100	1	用测壁(斜)仪或钻杆垂线法：每桩检查
6	沉淀厚度/mm	摩擦桩	设计规定，设计未规定时按施工规范要求	20	20	100	2	沉淀盒或标准测锤：每桩检查
		支承桩	不大于设计规定	20	20	100		
7	钢筋骨架底面高程/mm		±50	20	20	100	1	水准仪：测每桩骨架顶面高程后反算
合计：							15	
外观鉴定：桩顶面平整，桩柱连接处平顺且无局部修补					减分	0		监理意见：符合设计规范的要求
质量保证资料：资料齐全、完整、真实					减分	0		日期：2010-11-25
工程质量等级评定：　得分　100　　等级　合格								
施工技术负责人			×××			质检工程师		×××
监理工程师						×××		

◆挖孔桩质量检验评定表填写范例

挖孔桩质量检验评定表填写范例,见表7.16。

表7.16 挖孔桩质量检验评定表

项目名称		挖孔桩		执行标准			×××	
承包单位		××集团有限公司		合同号			×××	
监理单位		××监理公司		编号			×××	
工程名称:基础工程							施工时间:2010-04-10	
桩号及部位:A1段							检验时间:2010-05-02	
项次	检验项目		规定值或允许值	检验点数	合格点数	合格率/%	权值	检验方法和频率
1	混凝土强度/MPa		在合格标准内	10	10	100	3	按《公路工程质量检验评定标准》(JTG F80/1—2004)附录D检查
2	桩位/mm	群桩	100	10	10	100	2	全站仪或经纬仪;每桩检查
		排架桩 允许	50	10	10	100		
		极值	100	10	10	100		
3	孔深/m		不于设计	10	10	100	3	测绳量;每桩测量
4	孔径/mm		不于设计	10	10	100	3	探孔器;每桩测量
5	钻孔倾斜度/mm		1%桩长,且不大于500	10	10	100	1	垂线法;每桩检查
6	钢筋骨架底面高程/mm		±50	10	10	100	1	水准仪测骨架顶面高程后反算;每桩检查
合计:							13	
外观鉴定: 桩顶面平整,桩柱连接处平顺且无局部修补						减分	0	监理意见: 符合设计规范的要求
质量保证资料: 资料齐全、完整、真实						减分	0	
工程质量等级评定: 得分 100　　　等级 合格								日期: 2010-05-02
施工技术负责人		×××			质检工程师		×××	
监理工程师				×××				

7.3 墩、台身和盖梁工程施工资料

【基 础】

◆ 墩、台身质量检验评定表

墩、台身质量检验评定表,见表 7.17。

表 7.17 墩、台身质量检验评定表

项目名称							
承包单位			执行标准				
			合同号				
工程名称:					施工时间:		
桩号及部位:					检验时间:		
项次	检验项目	规定值或允许值	检验点数	合格点数	合格率/%	权值	检验方法和频率
1	混凝土强度/MPa	在合格标准内				3	
2	断面尺寸/mm	±20				2	
3	竖直度或斜度/mm	0.3%H(H为墩、台高度)且不大于20				2	
4	顶面高程/mm	±10				2	
5	轴线位置/mm	10				2	
6	节段间错台/mm	5				2	
7	大面积平整度/mm	5				1	
8	预埋件位置/mm	符合设计规定,设计未规定时:10				1	
合计:							
外观鉴定:			减分			监理意见:	
质量保证资料:			减分				
工程质量等级评定:						日期:	
		得分		等级			
施工技术负责人					质检工程师		
监理工程师							

◆柱或双壁墩身质量检验评定表

柱或双壁墩身质量检验评定表,见表7.18。

表7.18　柱或双壁墩身质量检验评定表

项目名称						执行标准		
承包单位						合同号		
工程名称:						施工时间:		
桩号及部位:						检验时间:		
项次	检验项目	规定值或允许值	检验点数	合格点数	合格率/%	权值	检验方法和频率	
1	混凝土强度/MPa	在合格标准内				3		
2	相邻间距/mm	±20				1		
3	竖直度/mm	0.3%H(H为柱高或墩身高)且不大于20				2		
4	桩(墩)顶面高程/mm	±10				2		
5	线轴偏位/mm	10				2		
6	断面尺寸/mm	±15				1		
7	节段间错台/mm	3				1		
合计:								
外观鉴定:			减分			监理意见:		
质量保证资料:			减分			日期:		
工程质量等级评定:								
得分　　　　　　　等级								
施工技术负责人						质检工程师		
监理工程师								

◆墩、台身安装质量检验评定表

墩、台身安装质量检验评定表,见表7.19。

表7.19 墩、台身安装质量检验评定表

项目名称					执行标准		
承包单位					合同号		
工程名称:					施工时间:		
桩号及部位:					检验时间:		
项次	检验项目	规定值或允许值	检验点数	合格点数	合格率/%	权值	检验方法和频率
1	轴线偏位/mm	10				3	
2	顶面高程/mm	±10				2	
3	倾斜度/mm	0.3%墩、台高,且不大于20				2	
4	相邻墩、台柱间距/mm	±15				1	
5	节段间错台/mm	3				1	
合计:							
外观鉴定:			减分			监理意见:	
质量保证资料:			减分			日期:	
工程质量等级评定:							
	得分		等级				
施工技术负责人					质检工程师		
监理工程师							

◆墩、台帽或盖梁质量检验评定表

墩、台帽或盖梁质量检验评定表,见表7.20。

表7.20 墩、台帽或盖梁质量检验评定表

项目名称					执行标准		
承包单位					合同号		
工程名称:						施工时间:	
桩号及部位:						检验时间:	
项次	检验项目	规定值或允许值	检验点数	合格点数	合格率/%	权值	检验方法和频率
1	混凝土强度/MPa	在合格标准内				3	
2	断面尺寸/mm	±20				2	
3	轴线偏位/mm	10				2	
4	顶面高程/mm	±10				2	
5	支座垫石预留位置/mm	10				1	
合计:							
外观鉴定:			减分			监理意见:	
质量保证资料:			减分			日期:	
工程质量等级评定:							
		得分		等级			
施工技术负责人					质检工程师		
监理工程师							

◆拱桥组合桥台质量检验评定表

拱桥组合桥台质量检验评定表,见表7.21。

表7.21 拱桥组合桥台质量检验评定表

项目名称						执行标准		
承包单位						合同号		
工程名称:						施工时间:		
桩号及部位:						检验时间:		
项次	检验项目	规定值或允许值	检验点数	合格点数	合格率/%	权值	检验方法和频率	
1	架设拱圈前,台后沉降完成量	设计值的85%以上				2		
2	台身后倾率	1/250				2		
3	架设拱圈前,台后填土完成量	90%以上				3		
4	拱建成后,桥台水平位移	在设计允许值内				3		
合计:								
外观鉴定:			减分			监理意见:		
质量保证资料:			减分			日期:		
工程质量等级评定: 得分　　　　等级								
施工技术负责人						质检工程师		
监理工程师								

◆台背填土质量检验评定表

台背填土质量检验评定表,见表7.22。

表7.22 台背填土质量检验评定表

项目名称							执行标准		
承包单位							合同号		
工程名称:							施工时间:		
桩号及部位:							检验时间:		
项次	检验项目	规定值或允许值			检验点数	合格点数	合格率/%	权值	检验方法和频率
		高速公路、一级公路	其他公路						
			二级公路	三、四级公路					
1	压实度/%	96	95	94				1	
合计:									
外观鉴定: 减分								监理意见:	
质量保证资料: 减分								日期:	
工程质量等级评定: 得分　　　　　等级									
施工技术负责人							质检工程师		
监理工程师									

【实 务】

◆柱或双壁墩身质量检验评定表填写范例

柱或双壁墩身质量检验评定表填写范例,见表7.23。

表7.23 柱或双壁墩身质量检验评定表

项目名称		柱或双壁墩身		执行标准			×××	
承包单位		××集团有限公司		监理单位			××监理公司	
工程名称:墩、台身和盖梁工程					施工时间:2010-12-11			
桩号及部位:A1 段					检验时间:2010-12-28			
项次	检验项目	规定值或允许值	检验点数	合格点数	合格率/%	权值	检验方法和频率	
1	混凝土强度/MPa	在合格标准内	10	10	100	3	按《公路工程质量检验评定标准》(JTG F80/1—2004)附录D检查	
2	相邻间距/mm	±20	15	15	100	1	尺或全站仪测量:检查顶、中、底3处	
3	竖直度/mm	0.3%H(H为柱高或墩身高)且不大于20	10	10	100	2	吊重线或经纬仪:测量2处	
4	桩(墩)顶面高程/mm	±10	10	10	100	2	水准仪:测量3处	
5	线轴偏位/mm	10	10	10	100	2	全站仪或经纬仪:纵、横各测量2点	
6	断面尺寸/mm	±15	10	10	100	1	尺量:检查3个断面	
7	节段间错台/mm	3	15	15	100	1	尺量:每节检查2~4处	
合计:						12		
外观鉴定: 混凝土表面平整,施工缝平顺、棱角线平直					减分	0	监理意见: 符合设计规范的要求	
质量保证资料: 资料齐全、完整、真实					减分	0	日期: 2010-12-28	
工程质量等级评定: 得分 100 等级 合格								
施工技术负责人		×××			质检工程师		×××	
监理工程师				×××				

◆墩、台身安装质量检验评定表填写范例

墩、台身安装质量检验评定表填写范例,见表7.24。

表7.24 墩、台身安装质量检验评定表

项目名称		墩、台身安装				执行标准		×××
承包单位		××集团有限公司				监理单位		××监理公司
工程名称:墩、台身和盖梁工程							施工时间:2010-04-10	
桩号及部位:A1段							检验时间:2010-05-02	
项次	检验项目	规定值或允许值	检验点数	合格点数	合格率/%	权值	检验方法和频率	
1	轴线偏位/mm	10	10	10	100	3	全站仪或经纬仪:纵、横各测量2点	
2	顶面高程/mm	±10	6	6	100	2	水准仪:检查4~8处	
3	倾斜度/mm	0.3%墩、台高,且不大于20	6	6	100	2	吊垂线:检查4~8处	
4	相邻墩、台柱间距/mm	±15	3	3	100	1	尺量或全站仪:检查3处	
5	节段间错台/mm	3	4	4	100	1	尺量:每节检查2~4处	
合计:						9		
外观鉴定: 墩、台表面平整,接缝饱满无空洞、均匀整齐					减分	0	监理意见: 符合设计规范及《验评标准》的要求	
质量保证资料: 资料齐全、完整、真实					减分	0		
工程质量等级评定: 得分 100　　　等级 合格							日期: 2010-05-02	
施工技术负责人		×××				质检工程师		×××
监理工程师		×××						

7.4 梁桥工程施工资料

【基 础】

◆ 梁(板)预制质量检验评定表

梁(板)预制质量检验评定表,见表7.25。

表7.25 梁(板)预制质量检验评定表

项目名称				执行标准				
承包单位				合同号				
工程名称:						施工时间:		
桩号及部位:						检验时间:		
项次	检验项目		规定值或允许偏差	检验点数	合格点数	合格率/%	权值	检验方法和频率
1	混凝土强度/MPa		在合格标准内				3	
2	梁(板)长度/mm		+5,-10				1	
3	宽度 /mm	干接缝(梁翼缘、板)	±10				1	
		湿接缝(梁翼缘、板)	±20					
		箱梁 顶宽	±30					
		底宽	±20					
4	高度 /mm	梁、板	±5				1	
		箱梁	+0,-5					
5	断面尺寸 /mm	顶板厚					2	
		底板厚	+5,-0					
		腹板或梁肋						
6	平整度/mm		5				1	
7	横系梁及预埋件位置/mm		5				1	
合计:								
外观鉴定:					减分		监理意见:	
质量保证资料:					减分			
工程质量等级评定: 得分 等级							日期:	
施工技术负责人				质检工程师				
监理工程师								

◆梁(板)安装质量检验评定表

梁(板)安装质量检验评定表,见表7.26。

表7.26 梁(板)安装质量检验评定表

项目名称						执行标准		
承包单位						合同号		
工程名称						施工时间		
桩号及部位						检验时间		
项次	检验项目		规定值或允许偏差	检验点数	合格点数	合格率/%	权值	检验方法和频率
1	支座中心偏位/mm	梁	5				3	
		板	10					
2	倾斜度		1.2%				2	
3	梁(板)顶面纵向高程/mm		+8,-5				2	
4	相邻梁(板)顶面高程/mm		8				1	
合计:								
外观鉴定:				减分			监理意见:	
质量保证资料:				减分			日期:	
工程质量等级评定:								
		得分			等级			
施工技术负责人						质检工程师		
监理工程师								

◆就地浇筑梁(板)质量检验评定表

就地浇筑梁(板)质量检验评定表,见表 7.27。

表 7.27 就地浇筑梁(板)质量检验评定表

项目名称				执行标准			
承包单位				合同号			
工程名称:					施工时间:		
桩号及部位:					检验时间:		
项次	检验项目		规定值或允许偏差	检验点数	合格点数	合格率/%	权值	检验方法和频率
1	混凝土强度/MPa		在合格标准内				3	
2	轴线偏位/mm		10				2	
3	梁(板)顶面高程/mm		±10				1	
4	断面尺寸/mm	高度	+5,-10				2	
		顶宽	±30					
		箱梁底宽	±20					
		顶、底、腹板或梁肋厚	+10,-0					
5	长度/mm		+5,-10				1	
6	横坡		±0.15%				1	
7	平整度/mm		8				1	
合计:								
外观鉴定:			减分				监理意见:	
质量保证资料:			减分					
							日期:	
工程质量等级评定:								
		得分		等级				
施工技术负责人				质检工程师			
监理工程师							

◆顶推施工梁质量检验评定表

顶推施工梁质量检验评定表,见表 7.28。

表 7.28 顶推施工梁质量检验评定表

项目名称				执行标准				
承包单位				合同号				
工程名称:					施工时间:			
桩号及部位:					检验时间:			
项次	检验项目		规定值或允许偏差	检验点数	合格点数	合格率/%	权值	检验方法和频率
1	轴线偏位/mm		10				2	
2	落梁反力		符合设计要求,设计未规定时,不大于1.1倍的设计反力				1	
3	支点高差/mm	相邻纵向支点	符合设计要求,设计未规定时,不大于5				3	
		同墩两侧支点	符合设计要求,设计未规定时,不大于2					
合计:								
外观鉴定:			减分		监理意见:			
质量保证资料:			减分		日期:			
工程质量等级评定:								
		得分		等级				
施工技术负责人				质检工程师				
监理工程师								

◆悬臂浇筑梁质量检验评定表

悬臂浇筑梁质量检验评定表,见表7.29。

表7.29 悬臂浇筑梁质量检验评定表

项目名称						执行标准		
承包单位						合同号		
工程名称:						施工时间:		
桩号及部位:						检验时间:		
项次	检验项目		规定值或允许偏差	检验点数	合格点数	合格率/%	权值	检验方法和频率
1	混凝土强度/MPa		在合格标准内				3	
2	轴线偏位/mm	$L \leq 100$ m	10				2	
		$L > 100$ m	$L/10\,000$					
3	顶面高程/mm	$L \leq 100$ m	±20				2	
		$L > 100$ m	±$L/5\,000$					
		相邻节段高差	10				1	
4	断面尺寸/mm	高度	+5, -10				2	
		顶宽	±30					
		底宽	±20					
		顶底腹板厚	+10, -0					
5	合龙后同跨对称点高程差/mm	$L \leq 100$ m	20				2	
		$L > 100$ m	$L/5\,000$					
6	横坡		±0.15%				1	
7	平整度/mm		8				1	
合计:								
外观鉴定:				减分			监理意见:	
质量保证资料:				减分				
工程质量等级评定:							日期:	
		得分		等级				
施工技术负责人						质检工程师		
监理工程师								

◆悬臂拼装梁质量检验评定表

悬臂拼装梁质量检验评定表,见表7.30。

表7.30 悬臂拼装梁质量检验评定表

项目名称							执行标准		
承包单位							合同号		
工程名称:							施工时间:		
桩号及部位:							检验时间:		
项次	检验项目		规定值或允许偏差	检验点数	合格点数	合格率/%	权值	检验方法和频率	
1	合龙段混凝土强度/MPa		在合格标准内				3		
2	轴线偏位/mm	L(L为悬臂长度)≤ 100 m	10				2		
		L(L为悬臂长度)> 100 m	$L/10\,000$						
3	顶面高程/mm	L(L为悬臂长度)≤ 100 m	± 20				2		
		L(L为悬臂长度)> 100 m	$\pm L/5\,000$						
		相邻节段高差	10						
4	合龙后同跨对称点高程差/mm	$L\leq 100$ m	20				1		
		$L> 100$ m	$L/5\,000$						
合计:									
外观鉴定:					减分		监理意见:		
质量保证资料:					减分				
工程质量等级评定:							日期:		
		得分		等级					
施工技术负责人							质检工程师		
监理工程师									

◆转体施工量质量检验评定表

转体施工量质量检验评定表,见表7.31。

表7.31 转体施工量质量检验评定表

项目名称						执行标准		
承包单位						合同号		
工程名称:						施工时间:		
桩号及部位:						检验时间:		
项次	检验项目	规定值或允许偏差	检验点数	合格点数	合格率/%	权值	检验方法和频率	
1	封闭转盘和合龙段混凝土强度/MPa	在合格标准内				3		
2	轴线位置/mm	跨径 $L/1\,000$				2		
3	跨中梁顶面高程/mm	±20				2		
4	同一横断面两侧或相邻上部构件高差/mm	10				1		
合计:								
外观鉴定:			减分			监理意见:		
质量保证资料:			减分			日期:		
工程质量等级评定:								
		得分		等级				
施工技术负责人						质检工程师		
监理工程师								

【实　务】

◆梁(板)安装质量检验评定表填写范例

梁(板)安装质量检验评定表填写范例,见表7.32。

表7.32 梁(板)安装质量检验评定表

项目名称		梁(板)安装		执行标准		×××	
承包单位		××集团有限公司		监理单位		××监理公司	
工程名称:梁桥工程					施工时间:2010-10-10		
桩号及部位:A1 段					检验时间:2010-11-05		
项次	检验项目		规定值或允许偏差	检验点数	合格点数	合格率/%	权值	检验方法和频率
1	支座中心偏位/mm	梁	5	5	5	100	3	尺量:每孔抽查4~6个支座
		板	10	5	5	100		
2	倾斜度		1.2%	9	9	100	2	吊垂线:每孔检查3片梁
3	梁(板)顶面纵向高程/mm		+8,-5	9	9	100	2	水准仪:抽查每孔2片,每片3点
4	相邻梁(板)顶面高程/mm		8	5	5	100	1	尺量:每相邻梁(板)
合计:							8	
外观鉴定: 混凝土表面平整、颜色一致,无明显施工接缝						减分	0	监理意见: 符合设计规范及《验评标准》的要求
质量保证资料: 资料齐全、完整、真实						减分	0	日期: 2010-11-05
工程质量等级评定: 　　　　得分　100　　　　　　等级　合格								
施工技术负责人		×××			质检工程师		×××	
监理工程师		×××						

◆顶推施工梁质量检验评定表填写范例

顶推施工梁质量检验评定表填写范例,见表 7.33。

表 7.33 顶推施工梁质量检验评定表

项次	检验项目		规定值或允许偏差	检验点数	合格点数	合格率/%	权值	检验方法和频率
项目名称			顶推施工梁			执行标准		×××
承包单位			××集团有限公司			监理单位		××监理公司
工程名称:桥梁						施工时间:2010-04-10		
桩号及部位:A1 段						检验时间:2010-05-02		
1	轴线偏位/mm		10	10	10	100	2	全站仪或经纬仪:每段检查 2 处
2	落梁反力		符合设计要求,设计未规定时,不大于 1.1 倍的设计反力	20	20	100	1	用千斤顶油压计算:检查全部
3	支点高差/mm	相邻纵向支点	符合设计要求,设计未规定时,不大于 5	20	20	100	3	水准仪:检查全部
		同墩两侧支点	符合设计要求,设计未规定时,不大于 2	20	20	100		
合计:							6	

外观鉴定: 各梁段连接线形平顺,接缝平整、密实,颜色一致	减分	0	监理意见: 符合设计规范及《验评标准》的要求
质量保证资料: 资料齐全、完整、真实	减分	0	日期: 2010-05-02

工程质量等级评定:

得分 100　　　　等级 合格

施工技术负责人	×××	质检工程师	×××
监理工程师		×××	

7.5 拱桥工程施工资料

【基　　础】

◆就地浇筑拱圈质量检验评定表

就地浇筑拱圈质量检验评定表,见表7.34。

表7.34 就地浇筑拱圈质量检验评定表

项目名称				执行标准				
承包单位				合同号				
工程名称:						施工时间:		
桩号及部位:						检验时间:		
项次	检验项目		规定值或允许偏差	检验点数	合格点数	合格率/%	权值	检验方法和频率
1	混凝土强度/MPa		在合格标准内				3	
2	轴线偏位/mm	板拱	10				1	
		肋拱	5					
3	内弧线偏离设计弧线/mm	跨径≤30 m	±20				2	
		跨径>30 m	±跨径/1 500					
4	断面尺寸/mm	高度	±5				2	
		顶、底、腹板	+10,-0					
5	拱宽	板拱	±20				1	
		肋拱	±10					
6	拱肋间距/mm		5				1	
合计:								
外观鉴定:				减分			监理意见:	
质量保证资料:				减分			日期:	
工程质量等级评定:								
		得分		等级				
施工技术负责人				质检工程师				
监理工程师								

◆预制拱圈节段质量检验评定表

预制拱圈节段质量检验评定表,见表7.35。

表7.35 预制拱圈节段质量检验评定表

项目名称							执行标准		
承包单位							合同号		
工程名称:							施工时间:		
桩号及部位:							检验时间:		
项次	检验项目		规定值或允许偏差	检验点数	合格点数	合格率/%	权值	检验方法和频率	
1	混凝土强度/MPa		在合格标准内				3		
2	每段拱箱内弧长/mm		+0,−10				1		
3	内弧线偏离设计弧线/mm		±5				2		
4	断面尺寸/mm	顶底腹板厚	+10,−0				2		
		宽度及高程	+10,−5						
5	平面度/mm	肋拱	5				1		
		箱拱	10						
6	拱箱接头倾斜/mm		±5				1		
7	预埋件位置/mm	肋拱	5				1		
		箱拱	10						
合计:									
外观鉴定:				减分			监理意见:		
质量保证资料:				减分			日期:		
工程质量等级评定: 得分　　　　　等级									
施工技术负责人							质检工程师		
监理工程师									

◆桁架拱杆件预制质量检验评定表

桁架拱杆件预制质量检验评定表,见表7.36。

表7.36 桁架拱杆件预制质量检验评定表

项目名称						执行标准	
承包单位						合同号	
工程名称:						施工时间:	
桩号及部位:						检验时间:	
项次	检验项目	规定值或允许偏差	检验点数	合格点数	合格率/%	权值	检验方法和频率
1	混凝土强度/MPa	在合格标准内				3	
2	断面尺寸/mm	±5				2	
3	杆件长度/mm	±10				1	
4	杆件旁弯/mm	5				1	
5	预埋件位置/mm	5				1	
合计:							
外观鉴定:				减分		监理意见:	
质量保证资料:				减分		日期:	
工程质量等级评定:							
	得分		等级				
施工技术负责人				质检工程师			
监理工程师							

第7章 桥梁工程施工资料

◆主拱圈安装质量检验评定表

主拱圈安装质量检验评定表,见表7.37。

表7.37 主拱圈安装质量检验评定表

项目名称				执行标准				
承包单位				合同号				
工程名称:					施工时间:			
桩号及部位:					检验时间:			
项次	检验项目		规定值或允许偏差		检验点数	合格点数	合格率/%	权值	检验方法和频率
1	轴线偏位/mm	$L \leq 60$ m	10					2	
		$L > 60$ m	$L/6\ 000$						
2	拱圈标高/mm	$L \leq 60$ m	±20					3	
		$L > 60$ m	$\pm L/3\ 000$						
3	对称接头点相对高差/mm	允许极值	$L \leq 60$ m	20				2	
			$L > 60$ m	$L/3\ 000$					
			允许偏差的2倍且反向						
4	同跨各拱肋相对高差/mm		$L \leq 60$ m	20				1	
			$L > 60$ m	$L/3\ 000$					
5	同跨各拱肋间距/mm		30					1	
合计:									
外观鉴定:				减分			监理意见:		
质量保证资料:				减分					
							日期:		
工程质量等级评定:									
		得分		等级					
施工技术负责人					质检工程师				
监理工程师									

◆腹拱安装质量检验评定表

腹拱安装质量检验评定表,见表7.38。

表7.38 腹拱安装质量检验评定表

项目名称					执行标准		
承包单位					合同号		
工程名称:						施工时间:	
桩号及部位:						检验时间:	
项次	检验项目	规定值或允许偏差	检验点数	合格点数	合格率/%	权值	检验方法和频率
1	轴线偏位/mm	10				1	
2	起拱线高程/mm	±20				2	
3	相邻块件高差/mm	5				2	
合计:							

外观鉴定:

减分

监理意见:

质量保证资料:

减分

日期:

工程质量等级评定:

得分　　　　等级

施工技术负责人		质检工程师	
监理工程师			

第7章 桥梁工程施工资料

◆转体施工拱质量检验评定表

转体施工拱质量检验评定表,见表7.39。

表7.39 转体施工拱质量检验评定表

项目名称					执行标准		
承包单位					合同号		
工程名称:					施工时间:		
桩号及部位:					检验时间:		
项次	检验项目	规定值或允许偏差	检验点数	合格点数	合格率/%	权值	检验方法和频率
1	封闭转盘和合龙段混凝土强度/MPa	在合格标准内					
2	轴线偏位/mm	跨径/6 000					
3	跨中拱顶面高程/mm	±20					
4	同一横截面两侧或相邻上部构件高差/mm	10					
合计:							
外观鉴定:			减分		监理意见:		
质量保证资料:			减分		日期:		
工程质量等级评定:							
	得分		等级				
施工技术负责人					质检工程师		
监理工程师							

◆劲性骨架加工质量检验评定表

劲性骨架加工质量检验评定表,见表7.40。

表7.40 劲性骨架加工质量检验评定表

项目名称						执行标准		
承包单位						合同号		
工程名称:						施工时间:		
桩号及部位:						检验时间:		
项次	检验项目	规定值或允许偏差	检验点数	合格点数	合格率/%	权值	检验方法和频率	
1	杆件截面尺寸/mm	不小于设计				2		
2	骨架高、宽/mm	±10				2		
3	内弧偏离设计弧线/mm	10				3		
4	每段的弧长/mm	+10,-10				2		
5	焊缝	符合设计要求				3		
合计:								
外观鉴定:			减分			监理意见:		
质量保证资料:			减分			日期:		
工程质量等级评定: 得分 等级								
施工技术负责人					质检工程师			
监理工程师								

◆劲性骨架安装质量检验评定表

劲性骨架安装质量检验评定表,见表 7.41。

表 7.41 劲性骨架安装质量检验评定表

项目名称							执行标准	
承包单位							合同号	
工程名称:							施工时间:	
桩号及部位:							检验时间:	
项次	检验项目		规定值或允许偏差	检验点数	合格点数	合格率/%	权值	检验方法和频率
1	轴线偏位/mm		$L/6\,000$(L 为劲性骨架长度)				1	
2	高程/mm		$\pm L/3\,000$(L 为劲性骨架长度)				2	
3	对称点相对高差/mm	允许	$L/3\,000$(L 为劲性骨架长度)				2	
		极值	$L/1\,500$(L 为劲性骨架长度)					
4	焊缝		符合设计要求				2	
合计:								
外观鉴定:				减分			监理意见:	
质量保证资料:				减分			日期:	
工程质量等级评定:								
		得分		等级				
施工技术负责人							质检工程师	
监理工程师								

【实　务】

◆桁架拱杆件预制质量检验评定表填写范例

桁架拱杆件预制质量检验评定表，见表 7.42。

表 7.42　桁架拱杆件预制质量检验评定表

项目名称		桁架拱杆件预制		执行标准		×××	
承包单位		××集团有限公司		监理单位		××监理公司	
工程名称:拱桥					施工时间:2010 - 12 - 11		
桩号及部位:A1 段					检验时间:2010 - 12 - 28		
项次	检验项目	规定值或允许偏差	检验点数	合格点数	合格率/%	权值	检验方法和频率
1	混凝土强度/MPa	在合格标准内	10	10	100	3	按《公路工程质量检验评定标准》(JTG F80/1—2004)附录 D 检查
2	断面尺寸/mm	±5	2	2	100	2	尺量:检查2 处
3	杆件长度/mm	±10	10	10	100	1	尺量:检查2 处
4	杆件旁弯/mm	5	10	10	100	1	拉线用尺量:每件
5	预埋件位置/mm	5	10	10	100	1	尺量:每件
合计:						8	
外观鉴定: 　　混凝土表面平整、线形圆顺、颜色一致				减分	0	监理意见: 　　符合设计规范及《验评标准》的要求	
质量保证资料: 　　资料齐全、完整、真实				减分	0		
工程质量等级评定: 　　　　得分　100　　　　　等级　合格						日期: 2010 - 12 - 28	
施工技术负责人		×××		质检工程师		×××	
监理工程师				×××			

第7章 桥梁工程施工资料

◆腹拱安装质量检验评定表填写范例

腹拱安装质量检验评定表,见表7.43。

表7.43 腹拱安装质量检验评定表

项目名称		腹拱安装		执行标准		×××	
承包单位		××集团有限公司		监理单位		××监理公司	
工程名称:拱桥					施工时间:2010-02-14		
桩号及部位:A1段					检验时间:2010-03-15		
项次	检验项目	规定值或允许偏差	检验点数	合格点数	合格率/%	权值	检验方法和频率
1	轴线偏位/mm	10	10	10	100	1	经纬仪:纵、横各检查2处
2	起拱线高程/mm	±20	10	10	100	2	水准仪:每起拱线测2点
3	相邻块件高差/mm	5	15	15	100	2	尺量:每相邻块件检查1~3处
合计:						5	
外观鉴定: 接头处无因焊接或局部受力造成的混凝土开裂、缺损或露筋现象					减分	0	监理意见: 　符合设计规范及《验评标准》的要求
质量保证资料: 资料齐全、完整、真实					减分	0	
工程质量等级评定: 　　　　　　得分　100　　　　　　等级　合格							日期: 2010-03-15
施工技术负责人		×××		质检工程师		×××	
监理工程师		×××					

7.6 钢桥工程施工资料

【基 础】

◆**钢板梁制作质量检验评定表**

钢板梁制作质量检验评定表,见表7.44。

表7.44 钢板梁制作质量检验评定表

项目名称						执行标准		
承包单位						合同号		
工程名称:							施工时间:	
桩号及部位:							检验时间:	
项次	检验项目		规定值或允许偏差		检验点数	合格点数	合格率/%	权值	检验方法和频率
1	梁高 h/mm		$h \leq 2$ m	±2				2	
			$h > 2$ m	±4					
2	跨度 L/mm		±(5+0.15L)					1	
3	全长/mm		±15					1	
4	腹板中心距/mm		±3					2	
5	盖板宽度/mm		±4					1	
6	横断面对角线差/mm		4					1	
7	旁弯/mm		3+0.1L					1	
8	拱度/mm		+10,-0.5					1	
9	腹板平面度/mm		小于s/250且≤8(s为腹板厚度)					1	
10	扭曲/mm		每米≤1,且每段≤10					2	
11	连接	焊缝尺寸	符合设计要求					2	
		焊缝探伤							
		高强螺栓扭矩	±10%					3	
合计:									
外观鉴定:					减分			监理意见:	
质量保证资料:					减分			日期:	
工程质量等级评定:									
		得分			等级				
施工技术负责人						质检工程师		
监理工程师								

第7章 桥梁工程施工资料

◆钢桁节段制作质量检验评定表

钢桁节段制作质量检验评定表,见表7.45。

表7.45 钢桁节段制作质量检验评定表

项目名称						执行标准		
承包单位						合同号		
工程名称:						施工时间:		
桩号及部位:						检验时间:		
项次	检验项目		规定值或允许偏差	检验点数	合格点数	合格率/%	权值	检验方法和频率
1	节段长度/mm		±5				2	
2	节段高度/mm		±2				2	
3	节段宽度/mm		±3				2	
4	节间长度/mm		±2				1	
5	对角线长度/mm		±3				2	
6	桁片平面度/mm		3				1	
7	拱度/mm		±3				2	
8	连接	焊缝尺寸	符合设计要求				3	
		焊缝探伤	符合设计要求					
		高强螺栓扭矩	±10%					
合计:								
外观鉴定: 减分							监理意见:	
质量保证资料: 减分							日期:	
工程质量等级评定: 得分 等级								
施工技术负责人						质检工程师		
监理工程师								

◆钢梁防护涂装质量检验评定表

钢梁防护涂装质量检验评定表,见表7.46。

表7.46 钢梁防护涂装质量检验评定表

项目名称					执行标准		
承包单位					合同号		
工程名称:					施工时间:		
桩号及部位:					检验时间:		
项次	检验项目	规定值或允许偏差	检验点数	合格点数	合格率/%	权值	检验方法和频率
1	除锈清洁度	符合设计规定,设计未规定时,$S_{a2}\frac{1}{2}$ 或 S_{t3}				3	
2	粗糙度/μm 外表面	70~100				2	
	内表面	40~80					
3	总干膜厚度/μm	符合设计要求				1	
4	附着力/MPa	符合设计要求				1	
合计:							

外观鉴定:

减分

监理意见:

质量保证资料:

减分

日期:

工程质量等级评定:

得分　　　　等级

施工技术负责人		质检工程师	
监理工程师			

◆钢梁安装质量检验评定表

钢梁安装质量检验评定表,见表7.47。

表7.47 钢梁安装质量检验评定表

项目名称							执行标准		
承包单位							合同号		
工程名称:							施工时间:		
桩号及部位:							检验时间:		
项次	检验项目		规定值或允许偏差	检验点数	合格点数	合格率/%	权值	检验方法和频率	
1	轴线偏位/mm	钢梁中线	10				2		
		两孔相邻横梁中线相对偏位	5						
2	梁底高程/mm	墩台处梁底	±10				2		
		两孔相邻横梁中线相对高差	5						
3	连接	焊缝尺寸	符合设计要求				3		
		焊缝探伤							
		高强螺栓扭矩	±10						
合计:									
外观鉴定:				减分			监理意见:		
质量保证资料:				减分			日期:		
工程质量等级评定:									
			得分		等级				
施工技术负责人							质检工程师		
监理工程师									

【实 务】

◆钢梁防护涂装质量检验评定表填写范例

钢梁防护涂装质量检验评定表填写范例,见表7.48。

表7.48 钢梁防护涂装质量检验评定表

项次	检验项目		规定值或允许偏差	检验点数	合格点数	合格率/%	权值	检验方法和频率
	项目名称		钢梁防护涂装		执行标准			×××
	承包单位		××集团有限公司		监理单位			××监理公司
	工程名称:钢桥工程					施工时间:2010-04-10		
	桩号及部位:A1段					检验时间:2010-05-02		
1	除锈清洁度		符合设计规定,设计未规定时,$S_{a2}\frac{1}{2}$ 或 S_{t3}	5	50	100	3	比照板目测:100%
2	粗糙度/μm	外表面	70~100	10	10	100	2	按设计规定检查。设计未规定时,用粗糙度仪检查,每段检查6点,取平均值
		内表面	40~80	10	10	100		
3	总干膜厚度/μm		符合设计要求	10	10	100	1	漆膜测厚仪检查
4	附着力/MPa		符合设计要求	10	10	100	1	划格或接力试验:按设计规定频率检查
合计:							7	
外观鉴定: 涂层表面完整光洁,均匀一致,无破损、气泡、裂纹、针孔、麻点等缺陷					减分	0	监理意见: 符合设计规范及《验评标准》的要求	
质量保证资料: 资料齐全、完整、真实					减分	0	日期: 2010-05-02	
工程质量等级评定: 得分 100 等级 合格								
施工技术负责人		×××			质检工程师		×××	
监理工程师				×××				

◆钢梁安装质量检验评定表填写范例

钢梁安装质量检验评定表填写范例,见表7.49。

表7.49 钢梁安装质量检验评定表

项目名称		钢梁安装	执行标准		×××	
承包单位		××集团有限公司	监理单位		××监理公司	
工程名称:钢桥工程			施工时间:2010-12-11			
桩号及部位:A2段			检验时间:2010-12-28			
项次	检验项目	规定值或允许偏差	检验点数	合格点数	合格率/%	权值	检验方法和频率
1	轴线偏位/mm 钢梁中线	10	2	2	100	2	经纬仪:测量2处
	两孔相邻横梁中线相对偏位	5	2	2	100		
2	梁底高程/mm 墩台处梁底	±10	8	8	100	2	水准仪:每支座1处,每横梁2处
	两孔相邻横梁中线相对高差	5	8	8	100		
3	连接 焊缝尺寸		15	15	100	3	量规:检查全部
	焊缝探伤	符合设计要求	6	6	100		超声:检查全部 射线:按设计规定,设计未规定时按10%抽查
	高强螺栓扭矩	±10	12	12	100		测力扳手:检查5%,且不小于2个
合计:						9	
外观鉴定: 线形平顺,无明显折变;焊缝平滑,无裂纹				减分	0	监理意见: 符合设计规范及《验评标准》的要求	
质量保证资料: 资料齐全、完整、真实				减分	0		
工程质量等级评定: 得分 100 等级 合格						日期: 2010-12-28	
施工技术负责人		×××		质检工程师		×××	
监理工程师				×××			

7.7 斜拉桥工程施工资料

【基 础】

◆**斜拉桥塔柱段质量检验评定表**

斜拉桥塔柱段质量检验评定表，见表7.50。

表7.50 斜拉桥塔柱段质量检验评定表

项目名称						执行标准		
承包单位						合同号		
工程名称：							施工时间：	
桩号及部位：							检验时间：	
项次	检验项目	规定值或允许偏差	检验点数	合格点数	合格率/%	权值	检验方法和频率	
1	混凝土强度/MPa	在合格标准内				3		
2	塔柱底偏位/mm	10				1		
3	倾斜度/mm	符合设计规定，设计未规定时，1/3 000塔高，且不大于30				2		
4	外轮廓尺寸/mm	±20				1		
5	壁厚/mm	±5				1		
6	锚固点高程/mm	±10				1		
7	孔道位置/mm	10,且两端同向				2		
8	预埋件位置/mm	5				1		
合计：								
外观鉴定： 减分							监理意见：	
质量保证资料： 减分							日期：	
工程质量等级评定： 得分　　　　等级								
施工技术负责人						质检工程师		
监理工程师								

◆横梁质量检验评定表

横梁质量检验评定表,见表7.51。

表7.51 横梁质量检验评定表

项目名称						执行标准		
承包单位						合同号		
工程名称:						施工时间:		
桩号及部位:						检验时间:		
项次	检验项目	规定值或允许偏差	检验点数	合格点数	合格率/%	权值	检验方法和频率	
1	混凝土强度/MPa	在合格标准内				3		
2	轴线偏位/mm	10				1		
3	外轮廓尺寸/mm	±10				1		
4	壁厚/mm	5				1		
5	顶面高程/mm	±10				1		
合计:								

外观鉴定:

监理意见:

减分

质量保证资料:

减分

日期:

工程质量等级评定:

得分　　　等级

施工技术负责人		质检工程师	
监理工程师			

◆ 平行钢丝斜拉索制作与防护质量检验评定表

平行钢丝斜拉索制作与防护质量检验评定表,见表7.52。

表7.52 平行钢丝斜拉索制作与防护质量检验评定表

项目名称							执行标准	
承包单位							合同号	
工程名称:							施工时间:	
桩号及部位:							检验时间:	
项次	检验项目		规定值或允许偏差	检验点数	合格点数	合格率/%	权值	检验方法和频率
1	斜拉索长度/mm	≤100 m	±20				2	
		>100 m	±1/5 000 索长					
2	PE 防护厚度/mm		+1.0,-0.5				1	
3	锚板孔眼直径 D/mm		$d < D < 1.1$(d 为斜拉索直径)				1	
4	墩头尺寸/mm		墩头直径≥1.4d,墩头高度≥d,(d 为斜拉索直径)				1	
5	冷铸填料强度/mm	允许	不小于设计				2	
		极值	不小于设计10%					
6	锚具附近密封处理		符合设计要求				2	
合计:								
外观鉴定:			减分				监理意见:	
质量保证资料:			减分				日期:	
工程质量等级评定:								
		得分		等级				
施工技术负责人							质检工程师	
监理工程师								

◆主墩上梁段浇筑质量检验评定表

主墩上梁段浇筑质量检验评定表,见表7.53。

表7.53 主墩上梁段浇筑质量检验评定表

项目名称					执行标准			
承包单位					合同号			
工程名称:								
桩号及部位:					检验时间: 施工时间:			
项次	检验项目		规定值或允许偏差	检验点数	合格点数	合格率/%	权值	检验方法和频率
1	混凝土强度/MPa		在合格标准内				3	
2	轴线偏位/mm		跨径1/10 000				2	
3	顶面高程/mm		±10				2	
4	断面尺寸/mm	高度	+5,-10				2	
		顶宽	±30					
		底宽或肋间宽	±20					
		顶、底、腹板厚或肋宽	+10,-0					
5	横坡/%		±0.15				1	
6	预埋件位置/mm		5				1	
7	平整度/mm		8				1	
合计:								
外观鉴定:			减分				监理意见:	
质量保证资料:			减分				日期:	
工程质量等级评定:								
	得分		等级					
施工技术负责人					质检工程师			
监理工程师								

◆混凝土斜拉桥梁的悬臂浇筑质量检验评定表

混凝土斜拉桥梁的悬臂浇筑质量检验评定表,见表7.54。

表7.54 混凝土斜拉桥梁的悬臂浇筑质量检验评定表

项目名称						执行标准		
承包单位						合同号		
工程名称:						施工时间:		
桩号及部位:						检验时间:		
项次	检验项目		规定值或允许偏差		检验点数	合格点数	合格率/%	权值	检验方法和频率
1	混凝土强度/MPa		在合格标准内					3	
2	轴线偏位/mm		$L \leq 100$ m	10				1	
			$L > 100$ m	$L/10\,000$					
3	断面尺寸/mm	高度	$+5, -10$					2	
		顶宽	± 30						
		底宽或肋间宽	± 20						
		顶、底、腹板厚或肋宽	$+10, -0$						
4	索力/kN	允许	满足设计和施工控制要求					3	
		极值	符合设计规定,设未规定时与设计值相差10%						
5	梁锚固点或梁顶高程/mm	梁段	满足施工控制要求					2	
		合龙后	$L \leq 100$ m	± 20					
			$L > 100$ m	$\pm L/5\,000$					
6	横坡%		± 0.15					1	
7	锚具轴线与孔道轴线偏位/mm		5					1	
8	预埋件位置/mm		5					1	
9	平整度/mm		8					1	
合计:									
外观鉴定:					减分			监理意见:	
质量保证资料:					减分				
工程质量等级评定:								日期:	
得分		等级							
施工技术负责人						质检工程师			
监理工程师									

◆混凝土斜拉桥梁的悬臂拼装质量检验评定表

混凝土斜拉桥梁的悬臂拼装质量检验评定表,见表7.55。

表7.55 混凝土斜拉桥梁的悬臂拼装质量检验评定表

项目名称						执行标准		
承包单位						合同号		
工程名称:						施工时间:		
桩号及部位:						检验时间:		
项次	检验项目		规定值或允许偏差		检验点数	合格点数	合格率/%	权值	检验方法和频率
1	混凝土强度/MPa		在合格标准内					3	
2	轴线偏位/mm		$L \leq 100$ m	10				1	
			$L > 100$ m	$L/10\ 000$					
3	索力/kN	允许	满足设计和施工控制要求					3	
		极值	符合设计规定,设未规定时与设计值相差10%						
4	梁锚固点或梁顶高程/mm	梁段	满足施工控制要求					1	
		合龙后	$L \leq 100$ m	±20					
			$L > 100$ m	$±L/5\ 000$					
5	锚具轴线与孔道轴线偏位/mm		5					1	
合计:									
外观鉴定:					减分		监理意见:		
质量保证资料:					减分				
							日期:		
工程质量等级评定:									
	得分			等级					
施工技术负责人						质检工程师		
监理工程师								

◆钢斜拉桥箱梁段的悬臂拼装质量检验评定表

钢斜拉桥箱梁段的悬臂拼装质量检验评定表,见表 7.56。

表 7.56 钢斜拉桥箱梁段的悬臂拼装质量检验评定表

项目名称				执行标准				
承包单位				合同号				
工程名称:							施工时间:	
桩号及部位:							检验时间:	
项次	检验项目		规定值或允许偏差		检验点数	合格点数	合格率/%	权值	检验方法和频率
1	轴线偏位/mm		$L \leq 200$ m	10				1	
			$L > 200$ m	$L/20\ 000$					
2	索力/kN	允许	满足设计和施工控制要求					3	
		极值	符合设计规定,设未规定时与设计值相差10%						
3	梁锚固点或梁顶高程/mm	梁段	满足施工控制要求					2	
		合龙后	$L \leq 200$ m	±20					
			$L > 200$ m	$±L/10\ 000$					
4	梁顶水平度/mm		20					1	
5	相邻节段匹配高差/mm		2					2	
6	连接	焊缝尺寸	符合设计要求					2	
		焊缝探伤						3	
		高强螺栓扭矩	±10%						
合计:									
外观鉴定:								监理意见:	
					减分				
质量保证资料:									
					减分				
								日期:	
工程质量等级评定:									
		得分		等级					
施工技术负责人					质检工程师				
监理工程师									

◆钢斜拉桥钢箱梁段的支架安装质量检验评定表

钢斜拉桥钢箱梁段的支架安装质量检验评定表,见表7.57。

表7.57 钢斜拉桥钢箱梁段的支架安装质量检验评定表

项目名称								
承包单位				执行标准				
工程名称:				合同号				
桩号及部位:				施工时间:				
				检验时间:				
项次	检验项目		规定值或允许偏差	检验点数	合格点数	合格率/%	权值	检验方法和频率
1	轴线偏位/mm		10				1	
2	梁段的纵向位置/mm		10				2	
3	梁顶标高/mm		±10				2	
4	梁顶水平度/mm		10				1	
5	连接	焊缝尺寸	符合设计要求				2	
		焊缝探伤					3	
		高强螺栓扭矩	±10%					
合计:								
外观鉴定:			减分			监理意见:		
质量保证资料:			减分					
工程质量等级评定:						日期:		
	得分		等级					
施工技术负责人				质检工程师				
监理工程师								

【实　务】

◆横梁质量检验评定表填写范例

横梁质量检验评定表填写范例,见表7.58。

表7.58　横梁质量检验评定表

项目名称		横梁			执行标准		×××	
承包单位		××集团有限公司			监理单位		××监理公司	
工程名称:斜拉桥工程						施工时间:2010-12-11		
桩号及部位:A2段						检验时间:2010-12-28		
项次	检验项目	规定值或允许偏差	检验点数	合格点数	合格率/%	权值	检验方法和频率	
1	混凝土强度/MPa	在合格标准内	10	10	100	3	按《公路工程质量检验评定标准》(JTG F80/1—2004)附录D检查	
2	轴线偏位/mm	10	15	15	100	1	经纬仪:每梁检查5处	
3	外轮廓尺寸/mm	±10	5	5	100	1	尺量:检查3~5断面	
4	壁厚/mm	5	10	10	100	1	尺量:每侧面检查1处,检查3~5断面	
5	顶面高程/mm	±10	5	5	100	1	水准仪:检查5处	
合计:						7		
外观鉴定: 混凝土表面平整,颜色一致,轮廓线顺直					减分	0	监理意见: 　符合设计规范及《验评标准》的要求	
质量保证资料: 资料齐全、完整、真实					减分	0	日期: 2010-12-28	
工程质量等级评定: 　　得分　100　　　　　等级　合格								
施工技术负责人		×××			质检工程师		×××	
监理工程师		×××						

◆钢斜拉桥钢箱梁段的支架安装质量检验评定表填写范例

钢斜拉桥钢箱梁段的支架安装质量检验评定表,见表7.59。

表7.59 钢斜拉桥钢箱梁段的支架安装质量检验评定表

项目名称		钢斜拉桥钢箱梁段的支架安装				执行标准		×××
承包单位		××集团有限公司				监理单位		××监理公司
工程名称:斜拉桥						施工时间:2010-04-10		
桩号及部位:A2段						检验时间:2010-05-02		
项次	检验项目		规定值或允许偏差	检验点数	合格点数	合格率/%	权值	检验方法和频率
1	轴线偏位/mm		10	10	10	100	1	经纬仪:每段检查2点
2	梁段的纵向位置/mm		10	10	10	100	2	经纬仪:检查每段
3	梁顶标高/mm		±10	10	10	100	2	水准仪:测量梁段两端中点
4	梁顶水平度/mm		10	8	8	100	1	水准仪:测量四角
5	连接	焊缝尺寸		15	15	100	2	量规:检查全部
		焊缝探伤	符合设计要求	15	15	100	3	超声:检查全部 射线:按设计规定,设计未规定时按10%抽查
		高强螺栓扭矩	±10%	6	6	100		测力扳手:检查5%,且不小于2个
合计:							11	
外观鉴定: 线形平顺,段间无明显折变;焊缝平滑无裂纹						减分	0	监理意见: 符合设计规范及《验评标准》的要求
质量保证资料: 资料齐全、完整、真实						减分	0	
工程质量等级评定: 得分 100　　　　等级 合格								日期: 2010-05-02
施工技术负责人		×××				质检工程师		×××
监理工程师						×××		

7.8 悬索桥工程施工资料

【基　　础】

◆**悬索桥塔柱段质量检验评定表**

悬索桥塔柱段质量检验评定表,见表7.60。

表7.60　悬索桥塔柱段质量检验评定表

项目名称							执行标准		
承包单位							合同号		
工程名称:							施工时间:		
桩号及部位:							检验时间:		
项次	检验项目	规定值或允许偏差	检验点数	合格点数	合格率/%	权值		检验方法和频率	
1	混凝土强度/MPa	在合格标准内				3			
2	塔柱底水平偏位/mm	10				1			
3	倾斜度/mm	符合设计规定,设计无规定时,按塔高的1/3 000,且不大于30				2			
4	外轮廓尺寸/mm	±20				1			
5	壁厚/mm	±5				1			
6	预埋件位置/mm	5				1			
7	索鞍底板面高程/mm	+10,-0				1			
合计:									
外观鉴定:				减分			监理意见:		
质量保证资料:				减分					
工程质量等级评定:							日期:		
		得分		等级					
施工技术负责人						质检工程师			
监理工程师									

◆预应力锚固系统制作质量检验评定表

预应力锚固系统制作质量检验评定表,见表7.61。

表7.61 预应力锚固系统制作质量检验评定表

项目名称					执行标准			
承包单位					合同号			
工程名称:						施工时间:		
桩号及部位:						检验时间:		
项次		检验项目	规定值或允许偏差	检验点数	合格点数	合格率/%	权值	检验方法和频率
1	连接器	拉杆孔至锚固孔中心距/mm	±0.5				2	
2		主要孔径/mm	+1.0,-0.0				2	
3		孔轴线与顶、底面的垂直度/°	0.3				3	
4		底面平面底/mm	0.08				2	
5		拉杆孔顶、底面的平行度/mm	0.15				2	
6		拉杆同轴度/mm	0.04				2	
合计:								
外观鉴定:				减分			监理意见:	
质量保证资料:				减分			日期:	
工程质量等级评定:								
		得分		等级				
施工技术负责人						质检工程师		
监理工程师								

◆ 预应力锚固系统安装质量检验评定表

预应力锚固系统安装质量检验评定表,见表7.62。

表7.62 预应力锚固系统安装质量检验评定表

项目名称				执行标准		
承包单位				合同号		
工程名称:					施工时间:	
桩号及部位:					检验时间:	
项次	检验项目	规定值或允许偏差	检验点数	合格点数	合格率/%	权值	检验方法和频率
1	前锚面孔道中心坐标偏差/mm	±10				1	
2	前锚面孔道角度/°	±0.2				1	
3	拉杆轴线偏位/mm	5				1	
4	连接器轴线偏位/mm	5				1	
合计:							
外观鉴定: 减分							监理意见: 日期:
质量保证资料: 减分							
工程质量等级评定:							
得分		等级					
施工技术负责人				质检工程师		
监理工程师						

◆刚架锚固系统制作质量检验评定表

刚架锚固系统制作质量检验评定表,见表7.63。

表7.63 刚架锚固系统制作质量检验评定表

项目名称			执行标准		
承包单位			合同号		

工程名称:				施工时间:	
桩号及部位:				检验时间:	

项次	检验项目	规定值或允许偏差	检验点数	合格点数	合格率/%	权值	检验方法和频率
1	刚架杆件长度/mm	±2				2	
2	钢架杆件中心距/mm	±2				1	
3	锚杆长度/mm	±3				3	
4	锚梁长度/mm	±3				2	
5	连接	符合连接设计要求				2	
合计:							

外观鉴定:	监理意见:
减分	
质量保证资料:	
减分	日期:

工程质量等级评定:

	得分		等级	
施工技术负责人			质检工程师	
监理工程师				

◆刚架锚固系统安装质量检验评定表

刚架锚固系统安装质量检验评定表,见表7.64。

表7.64 刚架锚固系统安装质量检验评定表

项目名称				执行标准			
承包单位				合同号			
工程名称:						施工时间:	
桩号及部位:						检验时间:	
项次	检验项目		规定值或允许偏差	检验点数	合格点数	合格率/%	权值	检验方法和频率
1	钢架中心线偏差/mm		10				1	
2	刚架安装锚杆之平联高差/mm		-2,+5				1	
3	锚杆偏位/mm	纵	10				2	
		横	5					
4	锚固点高程/mm		±5				2	
5	后锚梁偏位/mm		5				1	
6	后锚梁高程/mm		±5				1	
合计:								
外观鉴定:			减分			监理意见:		
质量保证资料:			减分					
工程质量等级评定:						日期:		
		得分		等级				
施工技术负责人						质检工程师		
监理工程师								

◆主索鞍安装质量检验评定表

主索鞍安装质量检验评定表,见表7.65。

表7.65 主索鞍安装质量检验评定表

项目名称			执行标准				
承包单位			合同号				
工程名称:					施工时间:		
桩号及部位:					检验时间:		
项次	检验项目		规定值或允许偏差	检验点数	合格点数	合格率/%	权值	检验方法和频率
1	最终偏位/mm	顺桥向	符合设计要求				3	
		横桥向	10				2	
2	高程/mm		+20,-0				3	
3	四角高差/mm		2				2	
合计:								
外观鉴定:				减分			监理意见:	
质量保证资料:				减分			日期:	
工程质量等级评定:								
			得分		等级			
施工技术负责人					质检工程师			
监理工程师								

◆散索鞍安装质量检验评定表

散索鞍安装质量检验评定表,见表7.66。

表7.66 散索鞍安装质量检验评定表

项目名称				执行标准		
承包单位				合同号		
工程名称:				施工时间:		
桩号及部位:				检验时间:		
项次	检验项目	规定值或允许偏差	检验点数	合格点数	合格率/%	权值	检验方法和频率
1	平面度	0.08/1 000 及 0.5/全平面				1	
2	支承板平行度/mm	<0.5				1	
3	摆轴中心线与索槽中心平面的垂直度偏差/mm	<3				2	
4	摆轴接合面到索槽底面的高度偏差/mm	±2				1	
5	鞍槽轮廓的圆弧半径偏差/mm	±2/1 000				2	
6	各槽宽度、深度偏差/mm	+1/全长及累积误差+2				1	
7	各槽对中心索槽的对称度/mm	0.5				2	
8	各槽曲线平面、立面角度偏差/°	0.2				1	
9	加工后槽底部及侧壁厚度偏差/mm	±10				1	
10	喷锌层厚/mm	不小于设计				2	
合计:							
外观鉴定:			减分		监理意见:		
质量保证资料:			减分		日期:		
工程质量等级评定:							
	得分		等级				
施工技术负责人				质检工程师			
监理工程师							

◆主缆架设质量检验评定表

主缆架设质量检验评定表,见表 7.67。

表 7.67 主缆架设质量检验评定表

项目名称							执行标准		
承包单位							合同号		
工程名称:							施工时间:		
桩号及部位:							检验时间:		
项次	检验项目		规定值或允许偏差	检验点数	合格点数	合格率/%	权值	检验方法和频率	
1	索股高程 /mm	中跨跨中	$\pm L/2\,000$				3		
		边跨跨中	$\pm L/1\,000$						
		上、下游高差	10				2		
	一般	相对于基准索股	0,-5				2		
2	锚跨索股力偏差		符合设计要求				2		
3	主缆空隙率/%		± 2				2		
4	主缆直径不圆度/%		2				1		
合计:									
外观鉴定:					减分		监理意见:		
质量保证资料:					减分		日期:		
工程质量等级评定:									
	得分		等级						
施工技术负责人							质检工程师		
监理工程师									

◆主缆防护质量检验评定表

主缆防护质量检验评定表,见表7.68。

表7.68 主缆防护质量检验评定表

项目名称						执行标准		
承包单位						合同号		
工程名称:						施工时间:		
桩号及部位:						检验时间:		
项次	检验项目	规定值或允许偏差	检验点数	合格点数	合格率/%	权值	检验方法和频率	
1	缠丝间距/mm	1				2		
2	缠丝张力/kN	±0.3				2		
3	防护涂层厚度/μm	符合设计要求				3		
合计:								
外观鉴定:				减分		监理意见:		
质量保证资料:				减分		日期:		
工程质量等级评定:								
		得分		等级				
施工技术负责人						质检工程师		
监理工程师								

【实　务】

◆ 预应力锚固系统制作质量检验评定表填写范例

预应力锚固系统制作质量检验评定表填写范例,见表7.69。

表7.69　预应力锚固系统制作质量检验评定表

项目名称		预应力锚固系统制作		执行标准		×××	
承包单位		××集团有限公司		监理单位		××监理公司	
工程名称:悬索桥工程					施工时间:2010-09-23		
桩号及部位:A2 段					检验时间:2010-10-10		
项次	检验项目		规定值或允许偏差	检验点数	合格点数	合格率/%	权值	检验方法和频率
---	---	---	---	---	---	---	---	---
1	连接器	拉杆孔至锚固孔中心距/mm	±0.5	20	20	100	2	游标卡尺:逐件检查
2		主要孔径/mm	+1.0,-0.0	20	20	100	2	游标卡尺:逐件检查
3		孔轴线与顶、底面的垂直度/°	0.3	20	20	100	3	量具:逐件检查
4		底面平面底/mm	0.08	20	20	100	2	量具:逐件检查
5		拉杆孔顶、底面的平行度/mm	0.15	20	20	100	2	量具:逐件检查
6		拉杆同轴度/mm	0.04	20	20	100	2	量具:逐件检查
合计:							13	
外观鉴定: 杆件表面无擦痕					减分	0		监理意见: 　符合设计规范及《验评标准》的要求
质量保证资料: 资料齐全、完整、真实					减分	0		日期: 2010-10-10
工程质量等级评定: 　　　　得分　100　　　　　等级　合格								
施工技术负责人		×××			质检工程师		×××	
监理工程师				×××				

◆预应力锚固系统安装质量检验评定表填写范例

预应力锚固系统安装质量检验评定表填写范例,见表7.70。

表7.70 预应力锚固系统安装质量检验评定表

项目名称		预应力锚固系统安装		执行标准		×××		
承包单位		××集团有限公司		监理单位		××监理公司		
工程名称:悬索桥工程					施工时间:2010-09-20			
桩号及部位:A1段					检验时间:2010-10-13			
项次	检验项目	规定值或允许偏差	检验点数	合格点数	合格率/%	权值	检验方法和频率	
1	前锚面孔道中心坐标偏差/mm	±10	12	12	100	1	全站仪:每孔道检查	
2	前锚面孔道角度/°	±0.2	12	12	100	1	经纬仪或全站仪:每孔道检查	
3	拉杆轴线偏位/mm	5	12	12	100	1	经纬仪或全站仪:每拉杆检查	
4	连接器轴线偏位/mm	5	12	12	100	1	经纬仪或全站仪:每连接器检查	
合计:						4		
外观鉴定: 表面清洁,防护完好					减分	0	监理意见: 符合设计规范及《验评标准》的要求	
质量保证资料: 资料齐全、完整、真实					减分	0		
工程质量等级评定:							日期: 2010-10-13	
		得分 100		等级 合格				
施工技术负责人		×××				质检工程师	×××	
监理工程师		×××						

7.9 桥面系和附属工程施工资料

【基 础】

◆支座垫石质量检验评定表

支座垫石质量检验评定表,见表7.71。

表7.71 支座垫石质量检验评定表

项目名称:							
承包单位:			执行标准:				
工程名称:			合同号:				
桩号及部位:			施工时间:				
			检验时间:				
项次	检验项目	规定值或允许偏差	检验点数	合格点数	合格率/%	权值	检验方法和频率
1	混凝土强度/MPa	在合格标准内				3	
2	轴线偏位/mm	5				2	
3	断面尺寸/mm	±5				2	
4	顶面高程/mm	±2				2	
	顶面四角高差/mm	1					
5	预埋件位置/mm	5				1	
合计:							
外观鉴定: 减分							监理意见:
质量保证资料: 减分							
工程质量等级评定: 得分 等级							日期:
施工技术负责人			质检工程师				
监理工程师							

◆挡块质量检验评定表

挡块质量检验评定表,见表7.72。

表7.72 挡块质量检验评定表

项目名称						执行标准		
承包单位						合同号		
工程名称:							施工时间:	
桩号及部位:							检验时间:	
项次	检验项目	规定值或允许偏差	检验点数	合格点数	合格率/%	权值	检验方法和频率	
1	混凝土强度/MPa	在合格标准内				3		
2	平面位置/mm	5				2		
3	断面尺寸/mm	±10				2		
4	顶面高程/mm	±10				1		
5	与梁体间隙/mm	±5				1		
合计:								
外观鉴定:			减分			监理意见:		
质量保证资料:			减分			日期:		
工程质量等级评定:								
得分		等级						
施工技术负责人 监理工程师						质检工程师		

◆伸缩缝安装质量检验评定表

伸缩缝安装质量检验评定表,见表 7.73。

表 7.73　伸缩缝安装质量检验评定表

项目名称							执行标准		
承包单位							合同号		
工程名称:							施工时间:		
桩号及部位:							检验时间:		
项次	检验项目	规定值或允许偏差		检验点数	合格点数	合格率/%	权值	检验方法和频率	
1	长度/mm	符合设计要求					2		
2	缝宽/mm	符合设计要求					3		
3	与桥面高差/mm	2					3		
4	纵坡/%	一般	±0.5				2		
		大型	±0.2						
5	横向平整度/mm	3					1		
合计:									
外观鉴定: 减分								监理意见: 日期:	
质量保证资料: 减分									
工程质量等级评定: 　　　　得分　　　　　　等级									
施工技术负责人							质检工程师		
监理工程师									

◆混凝土小型构件质量检验评定表

混凝土小型构件质量检验评定表,见表 7.74。

表 7.74 混凝土小型构件质量检验评定表

项目名称					执行标准			
承包单位					合同号			
工程名称:						施工时间:		
桩号及部位:						检验时间:		
项次	检验项目		规定值或允许偏差	检验点数	合格点数	合格率/%	权值	检验方法和频率
1	混凝土强度/MPa		在合格标准内				3	
2	断面尺寸/mm	≤80	±5				2	
		>80	±10					
3	长度/mm		+5,-10				1	
合计:								
外观鉴定:			减分				监理意见:	
质量保证资料:			减分					
							日期:	
工程质量等级评定:								
		得分		等级				
施工技术负责人					质检工程师			
监理工程师								

◆人行道铺设质量检验评定表

人行道铺设质量检验评定表,见表7.75。

表7.75 人行道铺设质量检验评定表

项目名称						执行标准		
承包单位						合同号		
工程名称:						施工时间:		
桩号及部位:						检验时间:		
项次	检验项目	规定值或允许偏差	检验点数	合格点数	合格率/%	权值	检验方法和频率	
1	人行道边缘平面偏位/mm	5				3		
2	纵向高程/mm	+10,-0				2		
3	接缝两侧高差/mm	2				2		
4	横坡/%	±0.3				2		
5	平整度/mm	5				1		
合计:								
外观鉴定:				减分			监理意见:	
质量保证资料:				减分			日期:	
工程质量等级评定:								
		得分		等级				
施工技术负责人						质检工程师		
监理工程师								

【实 务】

◆支座垫石质量检验评定表填写范例

支座垫石质量检验评定表填写范例,见表7.76。

表7.76 支座垫石质量检验评定表

项目名称		支座垫石		执行标准		×××	
承包单位		××集团有限公司		监理单位		××监理公司	
工程名称:桥面系和附属工程					施工时间:2010-06-01		
桩号及部位:A1 段					检验时间:2010-07-01		
项次	检验项目	规定值或允许偏差	检验点数	合格点数	合格率/%	权值	检验方法和频率
1	混凝土强度/MPa	在合格标准内	10	10	100	3	按《公路工程质量检验评定标准》(JTGF80/1—2004)附录D检查
2	轴线偏位/mm	5	8	8	100	2	全站仪或经纬仪:支座垫石纵横方向检查
3	断面尺寸/mm	±5	1	1	100	2	尺量:检查1个断面
4	顶面高程/mm	±2	12	12	100	2	水准仪:检查中心及四角
	顶面四角高差/mm	1	12	12	100		
5	预埋件位置/mm	5	5	5	100	1	尺量:每件
合计:						10	
外观鉴定: 混凝土表面平整、光洁,棱角线平直			减分	0			监理意见: 符合设计规范及《验评标准》的要求
质量保证资料: 资料齐全、完整、真实			减分	0			日期: 2010-07-01
工程质量等级评定: 得分 100　　　　等级 合格							
施工技术负责人		×××		质检工程师		×××	
监理工程师		×××					

◆挡块质量检验评定表填写范例

挡块质量检验评定表填写范例,见表7.77。

表7.77 挡块质量检验评定表

项目名称		挡块			执行标准		×××
承包单位		××集团有限公司			监理单位		××监理公司
工程名称:桥面系和附属工程					施工时间:2010-12-11		
桩号及部位:A1段					检验时间:2010-12-28		
项次	检验项目	规定值或允许偏差	检验点数	合格点数	合格率/%	权值	检验方法和频率
1	混凝土强度/MPa	在合格标准内	10	10	100	3	按《公路工程质量检验评定标准》(JTG F80/1—2004)附录D检查
2	平面位置/mm	5	10	10	100	2	全站仪或经纬仪:每块检查
3	断面尺寸/mm	±10	10	10	100	2	尺量:每块检查一个断面
4	顶面高程/mm	±10	10	10	100	1	水准仪:每块检查1处
5	与梁体间隙/mm	±5	10	10	100	1	尺量:每块检查
合计:						9	
外观鉴定: 混凝土表面平整、光洁,棱角线平直					减分	0	监理意见: 符合设计规范及《验评标准》的要求
质量保证资料: 资料齐全、完整、真实					减分	0	日期: 2010-12-28
工程质量等级评定: 得分 100　　　等级 合格							
施工技术负责人		×××			质检工程师		×××
监理工程师					×××		

第8章 涵洞工程施工资料

8.1 涵洞工程施工资料概述

【基 础】

◆涵洞的分类及构成

按照我国《公路工程技术标准》(JTG B 01—003)规定,涵洞指的是公路跨越水域、沟谷以及其他障碍物时修建的单孔跨径小于 5 m 或是多孔跨径之和小于 8 m 的构造物。

按建筑材料分类,涵洞可以分为:砖涵洞、石涵洞、混凝土涵洞及钢筋混凝土涵洞、钢管涵洞等。按照构造形式分类,涵洞可以分为:圆管涵洞、盖板涵洞、拱涵洞、箱涵洞等。按照涵顶填土情况分类,可以分为:明涵洞、暗涵洞。按照水力性能分类,可以分为:无压力式涵洞、半压力式涵洞、压力式涵洞、倒虹吸管涵洞等。

涵洞是由洞身、洞口、基础和附属工程组成的。洞身承受着荷载压力和土压力,并把压力通过基础传给地基。它具有保证水流安全宣泄的必要孔径,截面形式主要有圆形、拱形、矩形(箱形)三大类。

◆涵洞的质量要求

涵洞工程用原材料质量和抽检频率,施工技术要求,须满足《公路桥涵施工技术规范》(JTJ 041—2000)以及《公路工程试验检测导则》(JTG E10)的规定。施工质量各项指标的检验频率还应满足《公路工程质量检验评定标准》(JTG F80/1—2004,JTG F80/2—2004)以及《公路工程施工监理规范》(JTG G10—2006)的要求。

【实 务】

◆涵洞工程施工试验报告

(1)涵洞工程所用的混合料须按照《公路工程水泥及水泥混凝土试验规程》(JTG E30—2005)的规定进行试验,且还要提交试验报告。报告需包括水泥混凝土和砂浆配合比设计计算书,实验室确定的配合比和强度试验报告,所用原材料试验报告。试验报告应按单位工程组卷。

(2)施工期间水泥混凝土和水泥砂浆抗压强度抽检试验记录、评定以及试验结果汇总等施工资料,按单位工程组卷。

◆施工质量检验评定记录说明

涵洞工程施工检验记录应以分部工程为单元组卷。每道涵洞作为一个分部工程,包括洞身各部分构件和洞口、填土等分项工程。带有急流槽的涵洞,急流槽应作为涵洞的一个分项工程。钢筋混凝土涵洞还包括钢筋加工和安装分项工程。

(1)涵洞总体。涵洞总体的外观鉴定包括洞身顺直,进出口、洞身、沟槽等衔接平顺,无阻水现象。帽石、一字墙或八字墙等应平直,与路线边坡、线形匹配,棱角分明。涵洞处路面平顺,无跳车现象。外露混凝土表面平整,色泽一致。涵洞总体实测项目包括轴线偏位、流水面高程、涵底铺砌厚度、长度、孔径、净高。

(2)涵台。涵台外观鉴定包括:涵台线条顺直,表面平整;蜂窝、麻面面积不得超过该面面积的0.5%,深度超过1cm者必须处理。砌缝匀称、勾缝平顺、无开裂和脱落现象。涵台实测项目包括混凝土或砂浆强度、涵台断面尺寸、竖直度或斜度以及顶面高程。

(3)涵管的制作。

(4)管座及涵管安装 外观鉴定包括管壁顺直、接缝平整、填缝饱满。实测项目包括管座或垫层混凝土强度、管座或层宽厚度以及相邻管节底面错台。

(5)盖板制作。盖板外观鉴定包括混凝土表面平整,棱线顺直,无严重啃边、掉角。蜂窝、麻面面积不得超过面积的0.5%,深度超过1cm者必须进行处理。混凝土表面没有非受力裂缝,裂缝宽度超过设计规定或设计未规定时超过0.15 mm必须处理。盖板制作的实测项目包括混凝土强度、断面尺寸及长度。

(6)盖板安装。板的填缝应平整密实。实测项目包括支承面中心偏位以及相邻板最大高差。

(7)箱涵浇筑箱体外观不可出现露筋和空洞现象。实测项目包括混凝土强度、高度、宽度、顶板厚、侧墙和底板厚及平整度。

(8)拱涵浇(砌)筑。外观鉴定包括线形圆顺,表面平整。混凝土蜂窝、麻面面积不得超过该面面积的0.5%,深度超过1cm者必须处理,砌缝匀称,勾缝平顺,无开裂和脱落现象。实测项目包括混凝土或砂浆强度、拱圈厚度及内弧线偏离设计弧线。

(9)倒虹吸竖井、集水井砌筑。外观鉴定包括井壁平整、圆滑,抹面无麻面、裂缝。实测项目包括砂浆强度、井底高程、井口高程、圆井直径或方井边长及井壁(底)厚度。

(10)一字墙和八字墙。外观鉴定包括墙体直顺、表面平整;砌缝无裂隙。勾缝平顺,无脱落、开裂现象。混凝土墙蜂窝、麻面面积不得超过该面面积的0.5%,深度超过10 mm者必须处理。实测项目包括砂浆强度、平面位置、底面高程、顶面高程、竖直度或坡度及断面尺寸。

(11)填土。外观鉴定包括表面平整,边线顺畅;边坡坡面平顺、稳定,不得亏坡,实测项目为填土的压实度。

(12)顶入法施工的通道桥、涵。外观鉴定包括顶入的桥、涵身直顺,表面平整,无翘曲现象。进出口与上下游沟槽或引道连接顺直平整,水流或车流畅通。实测项目包括轴线偏位、高程及相邻两节高差。

8.2 分项工程施工质量检验评定表

【基 础】

◆涵台质量检验评定表

涵台质量检验评定表,见表8.1。

表8.1 涵台质量检验评定表

项次	检验项目		规定值或允许偏差	检验点数	合格点数	合格率/%	权值	检验方法和频率
	项目名称				执行标准			
	承包单位				合同号			
工程名称:						施工时间:		
桩号及部位:						检验时间:		
1	混凝土或砂浆强度/MPa		在合格标准内				3	
2	涵台断面尺寸/mm	片石砌体	±20				1	
		混凝土	±15					
3	竖直度或斜度/mm		0.3% 台高				1	
4	顶面高程/mm		±10				2	
合计:								
外观鉴定:				减分			监理意见:	
质量保证资料:				减分				
							日期:	
工程质量等级评定:								
			得分		等级			
	施工技术负责人					质检工程师		
	监理工程师							

◆管座及涵管安装质量检验评定表

管座及涵管安装质量检验评定表,见表8.2。

表8.2 管座及涵管安装质量检验评定表

项目名称				执行标准			
承包单位				合同号			
工程名称:					施工时间:		
桩号及部位:					检验时间:		
项次	检验项目		规定值或允许偏差	检验点数	合格点数	合格率/%	权值	检验方法和频率
1	管座或垫层混凝土强度/MPa		在合格标准内				3	
2	管座或垫层宽度、厚度/mm		≥设计值				2	
3	相邻管节底面错台/mm	管径≤1m	3				2	
		管径>1m	5					
合计:								

外观鉴定:

减分

监理意见:

质量保证资料:

减分

日期:

工程质量等级评定:

	得分		等级		
施工技术负责人				质检工程师	
监理工程师					

◆盖板制作质量检验评定表

盖板制作质量检验评定表,见表 8.3。

表 8.3 盖板制作质量检验评定表

项目名称							执行标准	
承包单位							合同号	
工程名称:							施工时间:	
桩号及部位:							检验时间:	
项次	检验项目		规定值或允许偏差	检验点数	合格点数	合格率/%	权值	检验方法和频率
1	混凝土强度/MPa		在合格标准内				3	
2	高度/mm	明涵	+10, -0				2	
		暗涵	不小于设计值					
3	宽度/mm	现浇	±20				1	
		预制	±10					
4	长度/mm		+20, -10				1	
合计:								
外观鉴定:				减分			监理意见:	
质量保证资料:				减分				
							日期:	
工程质量等级评定:								
			得分		等级			
施工技术负责人							质检工程师	
监理工程师								

第8章 涵洞工程施工资料

◆盖板安装质量检验评定表

盖板安装质量检验评定表,见表8.4。

表8.4 盖板安装质量检验评定表

项目名称						执行标准	
承包单位						合同号	
工程名称:						施工时间:	
桩号及部位:						检验时间:	
项次	检验项目	规定值或允许偏差	检验点数	合格点数	合格率/%	权值	检验方法和频率
1	支承面中心偏位/mm	10				2	
2	相邻板最大高差/mm	10				1	
合计:							
外观鉴定: 减分						监理意见: 日期:	
质量保证资料: 减分							
工程质量等级评定: 　　　　　得分　　　　　等级							
施工技术负责人						质检工程师	
监理工程师							

◆箱涵浇筑质量检验评定表

箱涵浇筑质量检验评定表,见表8.5。

表8.5 箱涵浇筑质量检验评定表

项目名称						执行标准		
承包单位						合同号		
工程名称:						施工时间:		
桩号及部位:						检验时间:		
项次	检验项目		规定值或允许偏差	检验点数	合格点数	合格率/%	权值	检验方法和频率
1	混凝土强度/MPa		在合格标准内				2	
2	高度/mm		+5,-10				1	
3	宽度/mm		±30				1	
4	顶板厚/mm	明涵	+10,-0				2	
		暗涵	不小于设计值					
5	侧墙和底板厚/mm		不小于设计值				1	
6	平整度/mm		5				1	
合计:								
外观鉴定:				减分			监理意见:	
质量保证资料:				减分			日期:	
工程质量等级评定:								
		得分		等级				
施工技术负责人						质检工程师		
监理工程师								

◆倒虹吸竖井砌筑质量检验评定表

倒虹吸竖井砌筑质量检验评定表,见表 8.6。

表 8.6 倒虹吸竖井砌筑质量检验评定表

项目名称					执行标准		
承包单位					合同号		
工程名称:						施工时间:	
桩号及部位:						检验时间:	
项次	检验项目	规定值或允许偏差	检验点数	合格点数	合格率/%	权值	检验方法和频率
1	砂浆强度/MPa	在合格标准内				3	
2	井底高程/mm	±15				2	
3	井口高程/mm	±20				1	
4	圆井直径或方井边长/mm	±20				1	
5	井壁、井底厚/mm	+20,-5				1	
合计:							
外观鉴定:			减分			监理意见:	
质量保证资料:			减分				
工程质量等级评定:						日期:	
		得分		等级			
施工技术负责人					质检工程师		
监理工程师							

【实　务】

◆涵台质量检验评定表填写范例

涵台质量检验评定表填写范例,见表8.7。

表8.7　涵台质量检验评定表

项目名称			涵台		执行标准		×××	
承包单位			××集团有限公司		监理单位		××监理公司	
工程名称:分项工程							施工时间:2010-04-10	
桩号及部位:A1段							检验时间:2010-05-02	
项次	检验项目		规定值或允许偏差	检验点数	合格点数	合格率/%	权值	检验方法和频率
1	混凝土或砂浆强度/MPa		在合格标准内	5	5	100	3	按《公路工程质量检验评定标准》(JTG F80/1—2004)附录D或F检查
2	涵台断面尺寸/mm	片石砌体	±20	4	4	100	1	尺量:检查3~5处
		混凝土	±15	4	4	100		
3	竖直度或斜度/mm		0.3%台高	2	2	100	1	吊垂线或经纬仪:测量2处
4	顶面高程/mm		±10	3	3	100	2	水准仪:测量3处
合计:							7	
外观鉴定:涵台线条顺直,表面平整;砌缝匀称,勾缝平顺,无开裂和脱落现象						减分 0	监理意见:符合设计规范及《验评标准》的要求	
质量保证资料:资料齐全、完整、真实						减分 0		
工程质量等级评定:　　得分 100　　等级 合格							日期:2010-05-02	
施工技术负责人		×××			质检工程师		×××	
监理工程师				×××				

◆ 盖板安装质量检验评定表填写范例

盖板安装质量检验评定表填写范例,见表8.8。

表8.8 盖板安装质量检验评定表

项目名称		盖板安装		执行标准		×××	
承包单位		××集团有限公司		监理单位		××监理公司	
工程名称:分项工程					施工时间:2010-07-01		
桩号及部位:A1段					检验时间:2010-08-15		
项次	检验项目	规定值或允许偏差	检验点数	合格点数	合格率/%	权值	检验方法和频率
1	支承面中心偏位/mm	10	18	18	100	2	尺量:每孔抽查4~6个
2	相邻板最大高差/mm	10	12	12	100	1	尺量:抽查20%
合计:						3	
外观鉴定: 板的填缝平整密实				减分		监理意见: 符合设计规范及《验评标准》的要求	
质量保证资料: 资料齐全、完整、真实				减分			
工程质量等级评定:						日期: 2008-08-15	
得分 100		等级 合格					
施工技术负责人		×××		质检工程师		×××	
监理工程师				×××			

第9章 隧道工程施工资料

9.1 隧道工程施工资料概述

【基 础】

◆ **公路隧道的分类及构成**

公路隧道通常指的是建造在山岭、江河、海峡和城市地面下,供车辆通过的工程构造物。按所处地理位置可以分为:山岭隧道、水底隧道和城市隧道;按照隧道的长度分类,见表9.1。

表9.1 隧道分类

隧道分类	特长隧道	长隧道	中隧道	短隧道
隧道工度 L	$L > 3\ 000$	$3\ 000 \geqslant L > 1\ 000$	$1\ 000 \geqslant L > 500$	$L \leqslant 500$

公路隧道是地下工程构造物,是由洞身开挖、洞身衬砌、总体及洞口、隧道路面等分部工程构成的。

◆ **公路隧道的质量要求**

隧道工程用原材料质量的抽检频率、施工技术要求,应满足《公路隧道施工技术细则》(JTG/T F60—2009)以及《公路工程试验检测导测》(JTG E10)的规定。施工质量各项指标的检验频率均应满足《公路工程质量检验评定标准》(JTG F80/1—2004)以及《公路工程施工监理规范》(JTG G10—2006)的要求。

【实 务】

◆ **隧道工程施工试验报告**

隧道工程用的混合料应按照《公路工程水泥及水泥混凝土试验规程》(JTG E30—2005)的规定进行试验,同时还需提交水泥混凝土配合比以及砂浆试验报告。报告内容包括配合比设计计算书、试验室配合比及强度试验报告。同时还包括所用原材料试验报告,试验报告应按单位工程进行组卷。

水泥喷射混凝土试验报告应包括配合比设计计算书,试验室配合比及所用原材料试验报告,现场喷射试验资料,试验报告应按单位工程组卷。

施工期间水泥混凝土及水泥砂浆的抗压强度抽检试验记录、评定以及试验结果汇总,应按单位工程组卷。

施工期间喷射混凝土强度抽检试验记录、评定和试验结果汇总以及喷射混凝土配合比检测报告,应按单位工程组卷。

◆施工质量检验评定表说明

1. 洞身开挖

(1) 基本要求。

1) 不良地质段开挖前应做好预加固、预支护。

2) 若前方地质出现变化迹象或接近围岩分界线,应用地质雷达、超前小导坑、超前探孔等方法探明隧道的工程地质和水文地质情况,然后再进行开挖。

3) 应严格控制欠挖。

4) 开挖轮廓要预留支撑沉降量及变形量,并利用量测反馈信息进行及时调整。

5) 隧道爆破开挖时应严格控制爆破震动。

6) 洞身开挖在清除浮石后应及时进行初喷支护。

(2) 洞身开挖施工中的实测项目包括拱部超挖、边墙超挖以及仰拱、隧道超挖,外观鉴定时还应保证洞顶无浮石。

(3) 洞身开挖可以根据具体情况分为几段,每一段作为一个分项工程。每个分项工程所形成的资料可以作为一件装订。件内包括分项工程质量评定、隧道开挖断面检验记录、地质检测记录以及现场监控量测记录等资料。

2. 洞身衬砌

(1) 施工支护。选择支护方式时,应优先采用锚杆,喷射混凝土或是锚喷联合作为临时支护,在软弱围岩中采用锚喷支护时,应当根据地质条件结合辅助施工方法综合考虑。

锚喷支护的施工检验方法如下。

1) 隧道(2车道隧道)每10延米,至少应在拱脚部和边墙各取一组试样,材料或配合比变更时另取一组,每组至少要取三个试块进行喷射混凝土抗压强度检查的抗压试验。

2) 可以用锤敲击检查喷层与围岩黏结情况,若有空响应凿除喷层,洗净重喷。必要时还应进行黏结力测试。

3) 喷层厚度检查可分喷射过程和支护完成后两个阶段进行。

4) 若发现喷混凝土表面有裂缝、脱落、露筋、渗漏水等情况,必须进行修补,凿除喷器重喷或进行整治。

5) 锚杆安设后每300根应至少选择3根作为1组进行抗拔力试验,围岩条件或原材料变更时另作1组;同组锚杆28天的抗拔力平均值必须满足设计要求;每根锚杆的抗拔力最低值不可小于设计值的90%。

锚喷支护施工中,一般应做以下几项施工记录。

1) 锚喷支护施工记录。

2) 喷射混凝土强度、厚度、外观尺寸、锚杆锚固力或抗拔力等检查和试验应制定相应报告表,准确记录。

3) 按设计要求进行的监控量测记录。

4) 在地质条件复杂地段应提供地质素描资料。

5)隐蔽工程报告表。

锚喷支护工程检验记录应按照分项工程为单元进行组卷。卷内应包括分项工程质量评定、锚喷支护检验记录及钢筋加工安装检验记录等资料。

(2)衬砌施工。混凝土衬砌施工中,其中线、标高、断面尺寸、净空大小均应符合设计要求。衬砌材料的标准、规格和要求应符合《公路隧道设计规范》(JGJ D70—2004)的规定。

仰拱混凝土表面应密实且无露筋。施工中的实测项目包括混凝土强度、仰拱厚度以及钢筋保护层厚度。

混凝土衬砌所用混凝土表面应密实,每延米的隧道面积中,蜂窝麻面和气泡面积不得超过0.5%,蜂窝麻面深度不得超过5 mm,若超过10 mm时应处理。结构轮廓线条顺直美观、混凝土颜色均匀一致。施工缝平顺无错台、无裂缝。混凝土衬砌施工实测项目包括混凝土强度、衬砌厚度及墙面平整度。

衬砌钢筋无污秽、锈蚀。实测项目包括主筋间距、两层钢筋间距、箍筋间距、绑扎搭接长度以及钢筋加工长度。

洞身衬砌以分项工程为单元组卷。卷内包括分项工程质量评定、钢筋加工安装、模筑混凝土模板检验以及混凝土浇筑检验、衬砌工程检验等资料。

3. 总体及洞口

该分部工程包括隧道总体、洞口开挖、洞门和翼墙浇筑、排水等分项工程,分项工程质量评定以及施工检验记录以分项工程为单元组卷。

4. 隧道路面

隧道内路基、路面基层和路面的材料、施工和质量要求,须满足现行的《公路路基施工技术规范》(JTG F10—2006)、《公路路面基层施工技术规范》(JTJ 034—2000)、《公路水泥混凝土路面施工技术规范》(JTG F30—2003)、《公路沥青路面施工技术规范》(JTG F40—2004)以及《公路工程质量检验评定标准》(JTG F80/1—2004,JTG F80/2—2004)的有关规定。

路面基层应具有良好的稳定性、足够的强度以及适宜的刚度、良好的排水系统,平整、密实,基层路拱与路面路拱一致,几何尺寸均应符合设计要求。

隧道路面应结构密实、路面平整、达到设计强度,并具有良好的耐久性、抗磨耗性及抗滑性。不透水,抗水性好,有良好的排水系统。抗腐蚀能力强,漫反射率高,颜色明亮,易修补。严寒地区的隧道路面,其表面应保证有足够的粗糙度。两侧路缘每隔10 m设置泄水孔,洞内渗水较多的区段,泄水孔间距可以取5 m,泄水孔及水箅应平整,其标高不可高于路缘。隧道路面包括基层和面层分项工程。其组卷方法和路面工程施工资料的方法一样。

9.2 分项工程施工质量检验评定表

【基 础】

◆隧道总体质量检验评定表

隧道总体质量检验评定表,见表9.2。

表9.2 隧道总体质量检验评定表

项目名称							
承包单位				合同号			
工程名称:						施工时间:	
桩号及部位:						检验时间:	
项次	检验项目	规定值或允许偏差	检验点数	合格点数	合格率/%	权值	检验方法和频率
1	车行道/mm	±10				2	
2	净总宽/mm	不小于设计				2	
3	隧道净高/mm	不小于设计				3	
4	隧道偏位/mm	20				2	
5	路线中心线与隧道中心线的衔接/mm	20				2	
6	边坡、仰坡	不大于设计				1	
合计:							
外观鉴定:			减分			监理意见:	
质量保证资料:			减分				
						日期:	
工程质量等级评定:							
	得分			等级			
施工技术负责人				质检工程师			
监理工程师							

◆明洞浇筑质量检验评定表

明洞浇筑质量检验评定表,见表9.3。

表9.3 明洞浇筑质量检验评定表

项目名称					执行标准		
承包单位					合同号		
工程名称:					施工时间:		
桩号及部位:					检验时间:		
项次	检验项目	规定值或允许偏差	检验点数	合格点数	合格率/%	权值	检验方法和频率
1	混凝土强度/MPa	在合格标准内				3	
2	混凝土厚度/mm	不小于设计				3	
3	混凝土平整度/mm	20				1	
合计:							
外观鉴定: 减分					监理意见:		
质量保证资料: 减分							
工程质量等级评定:					日期:		
得分　　　　等级							
施工技术负责人					质检工程师		
监理工程师							

◆明洞回填质量检验评定表

明洞回填质量检验评定表,见表9.4。

表9.4 明洞回填质量检验评定表

项目名称			执行标准		
承包单位			合同号		
工程名称:				施工时间:	
桩号及部位:				检验时间:	
项次	检验项目	规定值或允许偏差	检验点数	合格点数	合格率/%	权值	检验方法和频率

项次	检验项目	规定值或允许偏差	检验点数	合格点数	合格率/%	权值	检验方法和频率
1	回填层厚/mm	≤300				2	
2	两侧回填高差/mm	≤500				2	
3	坡度/%	不大于设计				1	
4	回填压实质量	压实质量符合设计要求				3	
合计:							

外观鉴定:

监理意见:

减分

质量保证资料:

减分

日期:

工程质量等级评定:

得分　　　　等级

施工技术负责人		质检工程师	
监理工程师			

◆防水层质量检验评定表

防水层质量检验评定表,见表9.5。

表9.5 防水层质量检验评定表

项目名称						执行标准		
承包单位						合同号		
工程名称:						施工时间:		
桩号及部位:						检验时间:		
项次	检验项目	规定值或允许偏差	检验点数	合格点数	合格率/%	权值	检验方法和频率	
1	搭接长度/mm	≥100				2		
2	卷材向隧道延伸长度/mm	≥500				2		
3	卷材基底的横向长度/mm	≥500				2		
4	沥青防水层每层厚度/mm	2				3		
合计:								
外观鉴定:			减分			监理意见:		
质量保证资料:			减分			日期:		
工程质量等级评定:								
		得分		等级				
施工技术负责人				质检工程师				
监理工程师								

◆钢支撑支护质量检验评定表

钢支撑支护质量检验评定表,见表9.6。

表9.6 钢支撑支护质量检验评定表

项次	检验项目		规定值或允许偏差	检验点数	合格点数	合格率/%	权值	检验方法和频率
1	安装间距/mm		50				3	
2	保护层厚度/mm		≥20				2	
3	倾斜度/°		±2				1	
4	安装偏差/mm	横向	±50				1	
		竖向	不低于设计标高					
5	拼装偏差/mm		±3				1	

项目名称		执行标准	
承包单位		合同号	

工程名称: 　　　　　　　　　　　　　　施工时间:
桩号及部位: 　　　　　　　　　　　　　检验时间:

合计:

外观鉴定:

减分

质量保证资料:

减分

工程质量等级评定:

监理意见:

日期:

	得分		等级	
施工技术负责人			质检工程师	
监理工程师				

◆仰拱质量检验评定表

仰拱质量检验评定表,见表9.7。

表9.7 仰拱质量检验评定表

项目名称		执行标准					
承包单位		合同号					
工程名称:						施工时间:	
桩号及部位:						检验时间:	
项次	检验项目	规定值或允许偏差	检验点数	合格点数	合格率/%	权值	检验方法和频率
1	混凝土强度/MPa	在合格标准内				3	
2	仰拱厚度/mm	不小于设计				3	
3	钢筋保护层厚度/mm	≥50				1	
合计:							
外观鉴定:			减分			监理意见:	
质量保证资料:			减分				
工程质量等级评定:						日期:	
		得分		等级			
施工技术负责人					质检工程师		
监理工程师							

【实　务】

◆明洞浇筑质量检验评定表填写范例

明洞浇筑质量检验评定表填写范例,见表9.8。

表9.8　明洞浇筑质量检验评定表

项目名称		明洞浇筑		执行标准		×××	
承包单位		××集团有限公司		监理单位		××监理公司	
工程名称:隧道工程						施工时间:2010-12-11	
桩号及部位:A2段						检验时间:2010-12-28	
项次	检验项目	规定值或允许偏差	检验点数	合格点数	合格率/%	权值	检验方法和频率
1	混凝土强度/MPa	在合格标准内	10	10	100	3	按《公路工程质量检验评定标准》(JTG F80/1—2004)附录D检查
2	混凝土厚度/mm	不小于设计	20	20	100	3	尺量或地质雷达:每20 m检查一个断面,每个断面自拱顶每3米检查1点
3	混凝土平整度/mm	20	18	18	100	1	2 m直尺:每10 m每测检查2处
合计:						7	
外观鉴定: 混凝土表面密实;结构轮廓线条顺直美观,混凝土颜色均匀一致					减分	0	监理意见: 符合设计规范及《验评标准》的要求
质量保证资料: 资料齐全、完整、真实					减分	0	
工程质量等级评定: 　　得分　100　　　　等级　合格							日期: 2010-12-28
施工技术负责人		×××		质检工程师		×××	
监理工程师				×××			

◆明洞回填质量检验评定表填写范例

明洞回填质量检验评定表,见表9.9。

表9.9 明洞回填质量检验评定表

项目名称		明洞回填	执行标准		×××	
承包单位		××集团有限公司	监理单位		××监理公司	
工程名称:隧道工程				施工时间:2010-04-01		
桩号及部位:A2段				检验时间:2010-05-05		
项次	检验项目	规定值或允许偏差	检验点数	合格点数	合格率/%	权值	检验方法和频率
1	回填层厚/mm	≤300	42	42	100	2	尺量:回填一层检查一次,每次每侧检查5点
2	两侧回填高差/mm	≤500	12	12	100	2	水准仪:每层测3次
3	坡度/%	不大于设计	3	3	100	1	尺量:检查3处
4	回填压实质量	压实质量符合设计要求	15	15	100	3	查施工记录
合计:						8	
外观鉴定: 坡面平顺、密实,排水通畅			减分		0	监理意见: 符合设计规范及《验评标准》的要求	
质量保证资料: 资料齐全、完整、真实			减分		0		
工程质量等级评定: 得分 100 等级 合格						日期: 2010-05-05	
施工技术负责人		×××		质检工程师		×××	
监理工程师				×××			

第10章 公路工程竣工文件编制

10.1 公路工程竣工文件概述

【基　　础】

◆公路工程竣工文件体系

(1)竣工文件的卷册体系为:建设项目下设一、二、三、四卷,卷下设若干册。按照《公路工程竣(交)工验收办法》中所规定的卷、册关系组成卷册体系。各参建单位应统一卷册体系的卷号、册号以及卷、册名称。每分册均应编入"总目录""分册目录"及"本册目录"。

(2)竣工文件第一、二卷,以全线建设项目为单元进行编制;第三、四卷以合同段为单元进行编制;监理资料竣工文件也应分合同段进行编制。

(3)竣工文件每分册的编排顺序为封面→扉页→总目录→分册目录→本册目录→正文或表格→备考表→封底。

(4)竣工文件各册正文内容的编写顺序应按规定编入一个或若干个分册内,工程变更(含合同外工程)也必须按照规定的文件体系、层次、顺序来编制。

【实　　务】

◆公路工程竣工文件编制

1. 文件编排层次

公路工程竣工文件编排层次(格式),见表10.1。

表10.1　公路工程竣工文件编排层次（格式）

分册	文件先后层次	备注
一般装订1册	1.卷盒	每册一个盒
	2.封面(A4纸)	
	3.封—	
	4.前言	
	5.索引	
	6.附件一:施工单位一览表	
	7.附件二:监理单位一览表	
	8.附件三:	
	9.档案卷册编号方法	
	10.附件四:其他说明	
若干分册	11.第一卷	
若干分册	12.第二卷	一般200页 装订一册
若干分册	13.第三卷	
若干分册	14.第四卷	
1册	15.按合同段检索档案卷册表(各卷册分册编号排序表)	

2.文件编制要求

（1）第一、二卷由建设单位负责组织编制、装订和制作副本。

（2）招、投标文件在每个建设项目招、投标结束后，由招标负责人把招、投标文件送交建设单位，并办理好书面交接手续。

（3）第三、四卷由承包单位编制。各级监理应对各种文件逐级审核、签证，确认合格以后，由监理单位监督承包单位立卷、印号、装订、制作副本，送交给建设单位。建设单位对监理单位、承包单位编制的竣工文件进行指导、审核、验收、编制档案总目录、归档保管、办理移交工作。未经建设单位的书面批准，不得结清保留金及监理费。

（4）各级监理在施工过程中应按照规定的频率进行工程质量抽检，并在签证后，及时把资料原件编入竣工文件的"施工监理资料"。

（5）驻地监理组应按照规定，及时编制本合同段的"施工监理资料"，并和承包单位编制的竣工文件同时送交建设单位。

（6）监理单位应对承包单位编制的竣工文件的质量和报送期限负责，在对竣工文件审查合格后送交建设单位。

（7）承包单位应在开工前明确交(竣)工文件编制负责人，并在第一次工地会议上公布，还应在建设单位和监理单位备案。

（8）承包单位必须配备计算机、编制文件用的软件、长途电话、复印机、扫描仪或数码相机等编制竣工文件和联网用的设备。

◆公路工程竣工文件印制

（1）竣工文件正本必须采用规定的A4纸(210 mm×297 mm)或A3纸(297 mm×420 mm)的标准版面。如果个别文件的原件小于标准面，则可以裱糊在A3或A4纸上；大于标准版面的可以按照标准版面折叠。资料、图、表中的文字，手书或打字均用仿宋体，标题采用黑体。由编制单位负责对每分册的正文部分进行编页，并用打号机打印在正文每页的右下角。文件的版面必须整洁、美观,制作电子文本也应遵守上述规定。

(2)质量检验表中的原始记录、检测记录、野外试验表必须使用蓝黑墨水或黑墨水手工书写在表格上,其他各表格原则上也应采用打字制表,一式多份的表格允许用复印机复印。

(3)竣工表格、竣工图纸必须在图表列出的签证人处由责任人签字或盖红印。各分册的扉页上必须加盖承包单位公章,文件原件无亲笔签字或是未加盖责任人红印以及应盖公章而没有盖者无效。建设单位或监理单位对工程进行抽验也必须使用规定的表格,还须在表上盖以"抽检"的长方形红印。

(4)竣工文件正本,每分册厚度不得大于20 mm。装订时可采用钻孔机钻孔,采用三孔一线方法用卷绳装订成册,第二、三卷封面上的"卷号""册号""分册号"应先由承包单位按本标段内的册号和分册号用铅笔写在封面上,然后由监理单位对建设项目的竣工文件按照卷册体系进行统一排序、编号、印号、装入标准档案盒、编写"档案总目录"(一式五份)送交建设单位。第一、二卷由建设单位负责按卷册体系排序、编号、印号、装盒、编写"档案总目录"。

10.2 公路工程交工验收和竣工验收

【基　　础】

◆工程竣工验收程序

(1)验收程序。我国境内的新建或改建的公路工程的各合同段符合交工验收条件,并经监理工程师同意后,由施工单位向项目法人提出申请,项目法人组织对该合同进行交工验收。经交工验收合格后的公路工程,项目法人应当按照项目管理权限及时向交通主管部门申请竣工验收。竣工验收合格后,交付使用。

(2)公路工程竣(交)工验收的依据。

1)批准的工程可行性研究报告。

2)批准的工程初步设计、施工图设计及变更设计文件。

3)批准的招标文件及合同文本。

4)行政主管部门的有关批复、批示文件。

5)交通部颁布的公路工程技术标准、规范、规程及国家有关部门的相关规定。

◆交工验收

1. 公路工程(合同段)进行交工验收应具备的条件

(1)合同约定的各项内容已完成。

(2)施工单位按交通部制定的《公路工程质量检验评定标准》(JTG F80/1—2004,JTG F80/2—2004)及相关规定的要求对工程质量自检合格。

(3)监理工程师对工程质量的评定为合格。

(4)质量监督机构按交通部规定的公路工程质量鉴定办法对工程质量进行检测(必要时可委托有相应资质的检测机构承担检测任务),并出具检测意见。

(5)竣工文件已按交通部规定的内容编制完成。

(6)施工单位、监理单位已完成本合同段的工作总结。

2. 交工验收组的成立

(1)公路工程各合同段符合交工验收条件后,经监理工程师同意,由施工单位向项目法人提出申请。

(2)项目法人负责组织公路工程各合同段的设计、监理、施工等单位参加交工验收。拟交付使用的工程,应邀请运营、养护管理单位参加,参加验收单位的主要职责如下:

1)项目法人负责组织各合同段参建单位完成交工验收工作的各项内容,总结合同执行过程中的经验,对工程质量是否合格做出结论。

2)设计单位负责检验已完成的工程是否与设计相符,是否满足设计要求。

3)监理单位负责完成监理资料的汇总、整理,协助项目法人检查施工单位的合同执行情况,核对工程数量,科学公正地对工程质量进行评定。

4)施工单位负责提交竣工资料,完成交工验收准备工作。

3. 交工验收的主要工作内容

(1)检查合同执行情况。

(2)检查施工自检报告、施工总结报告及施工资料。

(3)检查监理单位独立抽检资料、监理工作报告及质量评定资料。

(4)检查工程实体,审查有关资料,包括主要产品质量的抽(检)测报告。

(5)核查工程完工数量是否与批准的设计文件相符,是否与工程计量数量一致。

(6)对合同是否全面执行、工程质量是否合格做出结论,按交通主管部门规定的格式签署合同段交工验收证书。

(7)按交通部规定的办法对设计单位、监理单位、施工单位的工作进行初步评价。

4. 工程质量的评定

(1)项目法人组织监理单位按《公路工程质量检验评定标准》(JTG F80/1—2004,JTG F80/2—2004)的要求对各合同段的工程质量进行评定。

(2)监理单位根据独立抽检资料对工程质量进行评定,当监理按规定完成的独立抽检资料不能满足评定要求时,可以采用经监理确认的施工自检资料。

(3)项目法人根据对工程质量的检查及平时掌握的情况,对监理单位所做的工程质量评定进行审定。

5. 工程质量评分

(1)分项工程评分。

$$分项工程得分 = \frac{\sum[检查项目得分 \times 权值]}{\sum 检查项目权值}$$

分项工程评分值 = 分项工程得分 - 外观缺陷减分 - 资料不全减分

分项工程评分不小于85分为优良;小于85而不小于70分者为合格;小于70者为不合格。

经质量监督部门评为不合格的分项工程,经加固、补强或返工、调测,满足设计要求后,可以重新评定其质量等级,但只可评为合格。

(2)分部工程和单位工程质量评分。进行分部工程和单位工程评分时,采用加权平均值计算法确定相应的评分值。

所属各分项工程全部合格,则该分部工程评为合格;所属任一分项工程不合格,则该分部工程为不合格。

所属各分部工程全部合格,则该单位工程评为合格;所属任一分部工程不合格,则该单位工程为不合格。

(3)合同段和建设项目质量等级评定。

1)施工合同段工程质量评分采用所含各单位工程质量评分的加权平均值。

$$施工合同段工程质量评分值 = \frac{\sum(单位工程质量评分 \times 该单位工程投资额)}{施工合同段总投资额}$$

2)工程各合同段交工验收结束之后,由项目法人对整个工程项目进行工程质量评定,整个工程项目工程质量评分采用加权平均法进行:

$$工程项目质量评分值 = \frac{\sum(合同段工程质量评分值 \times 该合同段投资额)}{施工合同段投资额}$$

合同段和建设项目所含单位工程全部合格,其工程质量等级为合格;所属任一单位工程不合格,则合同段和建设项目为不合格。

6. 交工验收报告

公路工程各合同段验收合格后,项目法人应按交通部规定的要求及时完成项目交工验收报告,并向交通主管部门备案。国家、部重点公路工程项目中100 km以上的高速公路、独立特大型桥梁和特长隧道工程向省级人民政府交通主管部门备案,其他公路工程按省级人民政府交通主管部门的规定向相应的交通主管部门备案。

公路工程各合同段验收合格后,质量监督机构应向交通主管部门提交项目的检测报告。交通主管部门在15天内未对备案的项目交工验收报告提出异议,项目法人可开放交通进入试运营期,试运营期不得超过3年。

交工验收用表格式见表10.2～10.8。

表 10.2　分部工程质量检验评定表

项目名称														
承包单位				合同号										
监理单位				编号										

	项次	抽查项目	规定值或允许偏差	实测值或实测偏差值										合格率/%	质量评定	
				1	2	3	4	5	6	7	8	9	10		权值	加权得分
实测项目																
	合计															

实测得分		外观扣分		分部工程得分		质量等级	
检验负责人					检测		
记录					复核		

表10.3 单位工程质量检验评定表

项目名称					
承包单位		合同号			
监理单位		编号			
合同段	分部工程				备注
	工程名称	质量评定			
		实得分数	权值	加权得分	
	合计				
单位工程得分			质量等级		

表10.4 合同段工程质量检验评定表

项目名称					
承包单位		合同号			
监理单位		编号			
单位工程名称	实得分	投资额	实得分×投资额	质量等级	备注
合计					
合同段实测得分			内业资料扣分		
合同段鉴定得分			质量等级		

表10.5 建设项目质量检验评定表

项目名称					
承包单位			合同号		
监理单位			编号		
合同段	实得分	投资额	实得分×投资额	质量等级	备注
合计					
鉴定得分			质量等级		
检验负责人					
计算			复核		

表10.6 交工验收各合同段工程质量评分一览表

项目名称		
承包单位	合同号	
监理单位	编号	
合同段	实得分	备注

表 10.7 公路工程(合同段)交工验收证书

项目名称		工程名称	
承包单位		施工单位	
监理单位		设计单位	
交工验收时间		合同段名称及编号	
合同号		编号	

本合同段主要工作量：

本合同段价款	原合同		实际	
本合同段工期	原合同		实际	

对工程质量、合同执行情况的评价、遗留问题、缺陷的处理意见及有关决定(内容较多时,可用附件)：

(施工单位的意见)

施工单位法人代表或授权人(签字)　　　　单位盖章

　　　　　　　　　　　　　　　　　　　年　　月　　日

(合同段监理单位对有关问题的意见)

合同段监理单位法人代表或授权人(签字)　　　　单位盖章

　　　　　　　　　　　　　　　　　　　年　　月　　日

(设计单位的意见)

设计单位法人代表或授权人(签字)　　　　单位盖章

　　　　　　　　　　　　　　　　　　　年　　月　　日

(项目法人的意见)

项目法人代表或授权人(签字)　　　　单位盖章

　　　　　　　　　　　　　　　　　　　年　　月　　日

注：表中内容较多时,可用附件。

表10.8 公路工程交工验收报告

项目名称				
承包单位			合同号	
监理单位			编号	
1	工程名称			
2	工程地点及主要控制点			
3	建设依据			
4	技术标准与主要指标			
5	建设规模及性质			
6	开工日期		年 月 日	
	交工日期		年 月 日	
7	批准概算			
8	工程建设主要内容			
9	实际征用土地数/亩			
10	建设项目工程质量交工验收结论			
11	存在问题处理措施			
12	附件	1. 各合同段工程质量评分一览表 2. 各合同段交工验收证书		

注：表中内容较多时，可用附件。

◆竣工验收

1. 公路工程进行竣工验收应具备的条件

(1) 通车试运营2年后。

(2) 交工验收提出的工程质量缺陷等遗留问题已处理完毕，并经项目法人验收合格。

(3) 工程决算已按交通部规定的办法编制完成，竣工决算已经审计，并经交通主管部门或其授权单位认定。

(4) 竣工资料已按交通部规定的内容完成。

(5) 对需进行档案、环保等单项验收的项目，已经有关部门验收合格。

(6) 各参建单位已按交通部规定的内容完成各自的工作报告。

(7) 质量监督机构已按交通部规定的公路工程质量鉴定办法对工程质量检测鉴定合格，并形成工程质量鉴定报告。

2. 竣工验收委员会的成立

(1) 竣工验收由交通主管部门按项目管理权限负责。交通部负责国家、部重点公路工程项目中100公里以上的高速公路、独立特大型桥梁和特长隧道工程的竣工验收工作；其他公路工程建设项目，由省级人民政府交通主管部门确定的相应交通主管部门负责竣工验收工作。

(2) 公路工程符合竣工验收条件后，项目法人应按照项目管理权限及时向交通主管部门申请验收。交通主管部门应当自收到申请之日起30日内，对申请人递交的材料进行审查，对于不符合竣工验收条件的，应当及时退回并告知理由；对于符合验收条件的，应自收到申请之日起3个月内组织竣工验收委员会进行竣工验收。

(3) 竣工验收委员会由交通主管部门、公路管理机构、质量监督机构、造价管理机构等单位代表组成。大中型项目及技术复杂工程，应邀请有关专家参加。国防公路应邀请军队代表参加。

项目法人、设计单位、监理单位、施工单位、接管养护等单位参加竣工验收工作。

3. 参加竣工验收工作各方的主要职责

(1)竣工验收委员会负责对工程实体质量及建设情况进行全面检查。按交通部规定的办法对工程质量进行评分,对各参建单位进行综合评价,对建设项目进行综合评价,确定工程质量和建设项目等级,形成工程竣工验收鉴定书。

(2)项目法人负责提交项目执行报告及验收所需的资料,协助竣工验收委员会开展工作。

(3)设计单位负责提交设计工作报告,配合竣工验收检查工作。

(4)监理单位负责提交监理工作报告,提供工程监理资料,配合竣工验收检查工作。

(5)施工单位负责提交施工总结报告,提供各种资料,配合竣工验收检查工作。

4. 竣工验收的主要工作内容

(1)成立竣工验收委员会。

(2)听取项目法人、设计单位、施工单位、监理单位的工作报告。

(3)听取质量监督部门的工作报告及工程质量鉴定报告。

(4)检查工程实体质量、审查有关资料。

(5)按交通部规定的办法对工程质量进行综合评价,并确定工程质量等级。

(6)按交通部规定的办法对参建单位进行综合评价。

(7)对建设项目综合进行评价。

(8)形成并通过竣工验收鉴定书。

5. 竣工验收工程质量评定

(1)竣工验收工程质量评分采取加权平均法计算,其中交工验收工程质量得分权值为0.2,质量监督机构工程质量鉴定得分权值为0.6,竣工验收委员会对工程质量评定得分权值为0.2。工程质量评定得分大于等于90分为优良,小于90分且大于等于75分为合格,小于75分为不合格。

(2)对于规模较小、等级较低的小型项目,交工验收和竣工验收可合并进行。验收前,质量监督机构按《公路工程质量鉴定办法》的要求对工程进行检测,其质量评分占60%,监理对工程的质量评分占20%,竣工验收委员会对工程的质量评分占20%,加权平均后,作为工程质量评定得分。

6. 各参建单位的综合评价

竣工验收委员会按交通部规定的办法对参建单位的工作进行综合评价:评定得分大于等于90分且工程质量等级优良的为好,大于等于75分为中,小于75分为差。

7. 建设项目综合评定

竣工验收建设项目综合评分采取加权平均法计算,其中竣工验收工程质量得分权值为0.7,参建单位工作评价得分权值为0.3(项目法人占0.15,设计、施工、监理各占0.05)。

评定得分大于等于90分且工程质量等级优良的为好,大于等于75分为合格,小于75分为不合格。

8. 竣工验收鉴定书

负责组织竣工验收的交通主管部门对通过验收的建设项目按交通部规定的要求签发《公路工程竣工验收鉴定书》。

9. 工程综合评价等级证书

通过竣工验收的工程,由质量监督机构依据竣工验收结论,按照交通部规定的格式对各参建单位签发工作综合评价等级证书。

公用工程相关报告资料格式如下:

公路工程项目执行报告

一、概况

1. 建设依据。
2. 建设规模及主要技术指标。
3. 环保、景观等工程设计。
4. 交通工程及沿线设施设计。
5. 房建等其他工程设计。

二、施工期间设计服务情况

三、设计变更情况

1. 重大设计变更理由。
2. 设计中存在问题的变更。
3. 设计变更一览表。(与原设计工程量和造价比较)

四、设计体会

公路工程质量监督报告

一、质量监督情况

二、建设程序的监督情况

三、试验室的认证情况

四、监理人员的检查情况

五、施工过程中质量监督情况

1. 检查项目及结果。
2. 存在问题的处理结果。
3. 对各合同段工程质量的意见。

六、交工验收前的工程质量检测意见

七、竣工验收前的工程质量鉴定意见

八、对设计单位、施工单位、监理单位的评价

九、建设单位管理情况的评价

十、监督工作体会

公路工程监理工作报告

一、监理工作概况

合同段监理组织形式、管理结构、人员投入情况

二、工程质量管理

质量管理措施;施工过程中质量检验情况汇总;质量问题和事故处理情况总结;工程质量评定情况

三、计量支付、工程进度和合同管理情况

四、设计变更情况

五、交工验收中存在问题及处理情况
六、对设计单位、施工单位和建设单位评价
七、监理工作体会

施工总结报告

一、工程概况
合同段工程起止时间、主要工程内容
1. 工程进度。
2. 项目投资及来源。
3. 主要工程数量。
4. 主要参建单位,包括设计、施工,监理、监督、检测等单位一览表。
二、建设管理情况
(一)前期工作
1. 设计单位招标情况。
2. 施工单位招标情况。
3. 监理单位招标情况。
(二)征地拆迁情况
(三)项目管理情况
1. 项目管理机构设置及职能。
2. 质量控制措施与效果。
3. 进度管理情况。
4. 工程造价控制情况。(工程决算)
5. 其他情况。
三、交工验收及相关情况
1. 各合同段交工验收情况及主要存在的问题。
2. 缺陷期出现的质量问题及处理结果。
3. 出现重大安全事故情况。
4. 试运营期间的养管情况。
四、科研和新技术应用情况
五、对各参与单位的总体评价
1. 对设计单位的总体评价。
2. 对施工单位的总体评价。
3. 对监理单位的总体评价。
六、对工程质量的总体评价
七、项目管理体会

公路工程设计工作报告

一、概况
1. 任务来源及依据。
2. 沿线自然地理概况。
3. 主要技术指标的运用情况。

二、设计要点
1. 路线设计。
2. 路基、路面及防护工程设计。
3. 桥梁、涵洞、通道设计。
4. 隧道设计。
5. 立体交叉工程设计。

三、机构组成
主要人员、设备投入情况、管理机构设置

四、质量管理情况
质量控制措施;施工中工程质量自检情况及工程质量问题的处理情况;对完工质量的评价

五、施工进度控制

六、施工安全与文明施工情况

七、环境保护与节约用地措施

八、施工中新技术、新材料、新工艺的应用情况

九、对建设单位、设计单位和监理单位的评价

十、施工体会

公路工程竣工验收用表格式见表10.9~10.20。

表10.9 竣工验收工程质量评分表

项目名称				
承包单位		合同号		
监理单位		编号		
名称	实得分数	权值	加权得分	备注
交工验收工程质量		0.2		
质量监督机构工程质量鉴定		0.6		
竣工验收委员会工程质量		0.2		
合计		1.0		
加权平均分		质量等级		
计算		复核		

第10章 公路工程竣工文件编制

表10.10 竣工验收委员会工程质量评分表

项目名称					
承包单位			合同号		
监理单位			编号		
序号	项目	评定内容		分值	实得分
1	主体工程质量	路基边线直顺度、路基沉陷、亏坡、松石、涵洞及排水系统完善状况 路面平整度、裂缝、脱皮、石子外露、沉陷、车辙、桥头（台背）跳车现象、泛油、碾压痕迹等 桥面平整度、栏杆扶手、灯柱、伸缩缝、混凝土外观状况 隧道渗漏、松石、排水、通风、照明以及衬砌外观状况 交通安全设施及交叉工程的外观及使用效果等		70	
2	沿线服务设施	房屋及机电系统等功能和外观；其他设施，如加油站、食宿服务等设施的使用效果及外观		10	
3	环境保护工程	绿化工程、隔音消声屏等是否符合设计要求；施工现场清理及还耕情况；与自然环境、景观的协调情况		10	
4	竣工图表	内容齐全，书写打印清晰、装订整齐，符合相关要求		10	
		合计		100	

注：1. 缺2、3项时，应得分仍按100分计。
2. 主体工程评定内容缺项时，其应得分仍按70分计。

表10.11 公路工程建设管理综合评价表

项目名称					
承包单位			合同号		
监理单位			编号		
序号	项目	评定内容		分值	实得分
1	基本建设程度	应依法办理的项目建议书、可行性研究、初步设计、施工图设计、开工报告等批复情况，每缺一项扣2分		10	
2	执行法规	未按规定招标选择设计、施工、监理单位，一个方面有问题扣2分；未按规定申请质量监督扣2分；未落实质量与安全责任扣2分；未按批准规模、标准组织建设扣2分；其他方面未执行有关法规的，每一项扣2分		10	
3	履行合同	拖欠应支付款时，每欠一个单位扣1分，其他方面视情节轻重酌情扣分		10	
4	工程进度	按合同工期每拖延一个月扣3分，随意提前工期扣5分		10	
5	投资控制	每超概算（或批准的调整概算）1%扣1分，每节省概算2%加1分（最多可加5分）		10	
6	安全生产	每发生一起重大安全事故扣5分，每发生一起一般安全事故扣1分		10	
7	廉政建设	措施不健全扣2分，因不廉政被处分每人次扣5分，有被起诉的扣10分		10	
8	工程质量	竣工验收工程质量得分乘以30%，做本项得分		30	
		合计		100	
审定意见					

注：1. 本表在竣工验收时评分。
2. 每项的应得分扣完为止。
3. 本表1至7项由竣工委员会根据汇报和有关资料评价，取每个委员每项得分平均值，第八项按竣工验收工程质量得分乘以30%计算。

表10.12 设计工作综合评价表

项目名称				
承包单位		合同号		
监理单位		编号		
序号	项目	评定内容	分值	实得分
1	设计方案	1. 总体方案是否经济合理,存在不足扣2~10分 2. 不符合有关标准、规范,每处问题扣2~5分	20	
2	设计文件	1. 未按编制办法编制2~10分 2. 错、漏严重的扣10分,一般扣2~5分 3. 设计造成质量事故,重大事故每起扣30分,一般事故每起扣2~10分 4. 设计变更造成工程费用的变化,每增加合同价的1%扣2分	30	
3	设计服务	1. 未按合同协议派驻设计代表每缺1人或1人不称职扣1~5分 2. 服务不及时扣2~5分	20	
4	工程质量	竣工验收工程质量得分乘以30%,做本项得分	30	
		合计	100	
审定意见				

表10.13 公路工程监理工作综合评价表

项目名称				
承包单位		合同号		
监理单位		编号		
序号	项目	评定内容	分值	实得分
1	人员机构	监理人员未按要求持证上岗扣1~5分 监理人员未按合同进场扣1~5分 监理人员被清退每人次扣2分 内部管理制度不健全、工作责任不明确,或落实不到位扣3~5分 试验仪器、交通工具、办公设备未按合同要求配备扣1~3分	10	
2	质量控制	独立抽检频率不到10%扣5~10分;不到20%扣1~5分;工地巡查、重要工序旁站不足扣2~5分;资料签认不规范扣1~3分	10	
3	进度控制	拖延工期每月扣1分	5	
4	投资控制	根据计量支付工作情况酌情扣分	5	
5	监理资料	不符合竣工验收要求时扣1~5分	5	
6	廉政建设	措施不健全扣2分,因不廉政被清退或处分每人次扣5分,有被起诉的,每人次扣10分	5	
7	工程质量	以下两项得分之和作为该监理合同段工程质量评分: (1)所监理的各施工合同段交工验收工程质量得分的平均值乘以30% (2)竣工验收工程质量得分乘以30%	60	
		合计	100	
审定意见				

第10章 公路工程竣工文件编制

表10.14 公路工程施工管理综合评价表格

项目名称				
承包单位		合同号		
监理单位		编号		
序号	项目	评定内容	分值	实得分
1	工期进度	每拖延一个月扣2分；生产组织不均衡扣1分	10	
2	履行合同	项目经理、总工程师每更换1人次或2人次不称职扣2分；专业工程师每更换1人次扣1分；主要机械不足或性能不良扣1分；进场不及时或未经许可撤离扣0.5分；试验室达不到要求扣2~5分；有拖欠分包人工程款和劳务人员工资的，扣2~5分	10	
3	竣工文件	竣工图与竣工工程不符每处扣1分；施工原始记录、自检资料不齐全扣2~4分；资料的真实可信度有问题扣2~4分		
4	安全生产	每发生一起重大安全事故扣5分；每发生一起一般安全事故扣2分	5	
5	文明施工	规章制度不健全扣1~2分；文明工地建设差扣2~3分；破坏环境和乱占土地的，扣3~5分	5	
6	廉政建设	措施不健全扣1分；因不廉政被清退或处分每人扣2分；有被起诉的，每人次扣5分	5	
7	工程质量	以下两项得分之和作为该合同段工程质量评分： (1) 该合同段交工验收工程质量得分的平均值乘以30% (2) 竣工验收工程质量得分乘以30%	60	
		合计	100	
审定意见				

表10.15 竣工验收建设项目综合评定表

项目名称				
承包单位		合同号		
监理单位		编号		
名称	实得分数	权值	加权得分	备注
竣工验收工程质量		0.7		
项目建设管理综合评价		0.15		
项目设计工作综合评价		0.05		
项目监理工作综合评价		0.05		
项目施工管理综合评价		0.05		
合计		1.0		
加权平均分			建设项目综合评价等级	
计算			复核	

表 10.16　公路工程竣工验收鉴定书

项目名称				
承包单位			合同号	
监理单位			编号	
1	工程名称			
2	工程地点及主要控制点			
3	建设依据			
4	技术标准与主要指标			
5	建设规模及性质			
6	开工日期		年　月　日	
	交工日期		年　月　日	
7	批准概算			
	竣工决算			
8	工程建设主要内容			
9	主要材料实际消耗			
10	实际征用土地数/亩			
11	建设项目工程质量鉴定结论			
12	对建设、设计、施工建设单位的综合评价			
13	建设项目管理综合评价及等级			
14	有关问题的决定和建议			

表 10.17　竣工验收委员会名单

	项目名称				
	承包单位			合同号	
	监理单位			编号	
	姓名	所在单位		职务或职称	签名
主任委员					
副主任委员					
委员					

第10章 公路工程竣工文件编制

表 10.18 竣工验收代表名单

项目名称				
承包单位		合同号		
监理单位		编号		
序号	姓名	所在单位	职务或职称	签名

表 10.19 工程交接单位代表签名表

项目名称				
承包单位		合同号		
监理单位		编号		
	姓名	所在单位	职务或职称	签名
主管部门				
监督单位				
项目法人				
设计单位				
监理单位				
施工单位				
接养单位				

表10.20 项目参建单位工作综合评价等级证书

项目名称	
承包单位	合同号
监理单位	编号

工程名称：

单位名称：

承担工程的内容：

竣工验收结论：

项目质量监督机构或授权人（签字）　　　盖章（项目质量监督机构）

年　　月　　日

注：1. 项目参建单位包括项目法人、设计单位、监理单位、施工单位。
　　2. 竣工验收完成时，项目质量监督机构分别对项目各参建单位填写工作综合评价等级证书。
　　3. 竣工验收结论根据《公路工程建设管理综合评价表》表10.11的规定对各参建单位工作综合评价结果填写综合评价评语。（包括评分和评价等级）

【实 务】

◆单位工程质量检验评定表填写范例

单位工程质量检验评定表填写范例,见表 10.21。

表 10.21 单位工程质量检验评定表

项目名称		桥梁工程			
承包单位		××集团有限公司	合同号		×××
监理单位		××监理公司	编号		×××
合同段	分部工程				备注
	工程名称	质量评定			
		实得分数	权值	加权得分	
A1 段	基础和下部构造	97.5	2	195	
A1 段	上部构造和安装	96.5	2	193	
A1 段	总体桥面和附属工程	97	1	97	
	合计		5	485	
单位工程得分	97		质量等级		合格

◆竣工验收委员会工程质量评分表填写范例

竣工验收委员会工程质量评分表填写范例，见表10.22。

表10.22 竣工验收委员会工程质量评分表

项目名称		××公路工程			
承包单位		××集团有限公司	合同号	×××	
监理单位		××监理公司	编号	×××	
序号	项目	评定内容		分值	实得分
1	主体工程质量	路基边线直顺度、路基沉陷、亏坡、松石、涵洞及排水系统完善状况，支挡工程外观和稳定情况 路面平整度、裂缝、脱皮、石子外露、沉陷、车辙、桥头（台背）跳车现象，泛油、碾压痕迹等 桥面平整度、栏杆扶手、灯柱、伸缩缝、混凝土外观状况 隧道渗漏、松石、排水、通风、照明以及衬砌外观状况 交通安全设施及交叉工程的外观及使用效果等		70	68.5
2	沿线服务设施	房屋及机电系统等功能和外观；其他设施，如加油站、食宿服务等设施的使用效果及外观		10	9.5
3	环境保护工程	绿化工程、隔音消声屏等是否符合设计要求；施工现场清理及还耕情况；与自然环境、景观的协调情况		10	9.5
4	竣工图表	内容齐全，书写打印清晰，装订整齐，符合相关要求		10	10
	合计			100	97.5

10.3 工程总结

【基　　础】

◆设计总结

(1)工程地理位置图。

(2)项目概况、设计单位基本情况

1)项目概况、工程项目名称、起讫桩号、途径主要控制点、设计标准，主要工程数量及概预算，建设工期等。

2)设计单位基本情况。扼要说明设计单位名称、法人代表及资质、资信等情况。

(3)初步设计与施工图设计。

1)任务依据。

2)初步设计。概述修建原则的拟定、设计方案的选定、施工方案意见和设计概算编制等情况。

3)施工图设计。概述施工图设计对初步设计（或技术设计）批复意见的贯彻执行情况以及施工图预算的编制等情况。

4)工程设计中新工艺、新材料、新结构应用情况。

5)总体方案是否经济合理,施工图设计是否符合有关标准、规范的要求。

(4)设计变更情况。主要说明因设计深度不够或是差错等引起的变更次数、工期拖延以及费用增加的情况。

(5)设计服务。是否按时提交图纸,是否按规定派驻设计代表以及施工现场服务情况。

(6)经验总结。本工程有哪些经验,哪些教训应引以为戒以及其他要说明的问题。

◆建设管理总结

(1)工程地理位置图。

(2)工程概况。工程项目名称、起讫桩号、途径主要控制点、主要技术标准和工程数量、合同价及实际造价、工期等。

(3)工程前期准备工作。

1)可行性研究。概述可行性研究委托以及可行性研究报告的提出,推荐的建设方案,建设项目对环境的影响及评价,主要工程数量、征地拆迁数量、估算投资及资金筹措方式,对可行性研究报告的审查与批复。

2)征地拆迁。概述本项目征地拆迁办理的一般程序,是否按时完成征地拆迁任务,土地征用、建筑物拆迁的数量及补偿,是否存在违章用地行为,是否及时协调解决有关纠纷问题,合同外工程的类型、数量及费用。

(4)项目管理情况。

1)建设管理方式。合同段的划分:建设管理组织机构介绍(业主监理),实行项目业主责任制、项目经理负责制进行项目管理的基本情况。

2)施工图设计委托、审查。概述施工图设计委托,审查施工图设计及对初步设计(或技术设计)批复意见的贯彻执行情况,施工图预算的编制,总体方案的经济合理性及施工图的设计深度。

3)资金筹措与财务管理。概述资金筹措的方式(国家拨款、地方自筹、银行贷款、发行债券、引进外资、合股出资)、数量;资金的使用监督与财务管理。

4)确定监理单位,任命总监理工程师,批准监理机构及组成情况。

5)项目招标与签约。招标采取的方式(公开招标、邀请招标、议标)、程序,对投标者的资格预审与评估以及评标、定标与合同签约情况。

6)重大问题处理。主要是指技术方面和施工环境方面重大问题的处理。

7)质量控制情况。施工过程中是如何通过工地巡视、不定期和组织季、半年、年终检查,派员参加监理工程师召集的会议等措施进行总体质量控制的;对工程质量的总体评价。

(5)合同执行情况。

1)工程变更。概述本项目工程变更程序,重大变更、重要变更和一般变更的数量、原因及费用,是否存在施工单位擅自变更工程设计及业主(代表)、监理工程师越权批复工程变更问题,是否因工程变更造成了工期延误和工程质量问题。

2)工程延期和费用索赔。概述本项目工程延期和费用索赔办理的程序,工程延期和费用索赔的次数、费用、原因。

3)工程的转让、分包与指定分包,是如何对分包人进行审查,如何进行工程分包批复的以及有无合同转让、是如何审批的。

4)有没有违约问题(业主、承包单位),是如何处理的。

5)工程保险。本项目承包单位办理的工程保险种类是否齐全,保险数额是否与实际价值相符,保险有效期是否符合合同要求,有无拒绝办理工程保险的情况,是如何处理的。

(6)投资控制情况。概述项目投资前期、投资执行期(设计阶段、施工招投标阶段、施工阶段和竣工阶段)的投资控制措施,是否存在项目竣工决算超概算问题,是何原因。

(7)经验总结。本项目有哪些经验,哪些经验在本项目之外得到了推广,有哪些教训引以为戒以及其他要说明的问题。

【实 务】

◆施工总结

(1)工程地理位置图。

(2)工程规模、承包单位基本情况及完成的主要工作量。

1)概述工程名称、起讫桩号、途径主要控制点、工程设计标准、工程数量和造价、实际消耗主要材料等。

2)扼要说明承包单位的名称、法人代表及资质、资信情况,承包工程名称、项目经理;开工、竣工日期,以及执行合同情况。

3)完成的主要工作量(列表说明)。

(3)计划完成情况。概述合同工期要求及总体施工计划安排,计划完成情况。计划实施过程中是如何按"计划—实施—检查—调整"程序进行动态控制的,采取了哪些措施。

(4)工程管理。

1)施工准备。

①技术准备情况。包括熟悉施工图纸与现场,交桩与技术交底,建立工地试验室等。

②物资准备情况。包括机械设备的进场、安装调试,材料订购、加工和运输,施工临时设施建设等。

③建立健全各项规章制度和岗位责任制。

④组织施工力量,进行技术培训。

⑤现场准备情况。包括恢复定线,修筑施工便道,工地临时用电、用水准备等。

2)施工组织。

①施工组织机构设置与人员配备。

②施工组织计划及实施情况。

3)质量管理与控制。自检体系的建立和运行,试验室建设及人员配备,对料场、预制场及拌和场的管理,材料检验、中间工序和成品检查验收制度执行情况,检测频率是否满足规范要求。对隐蔽工程的检查,记录是否齐全、是否有照片,在覆盖之前是否每处都通知监理工程师现场检查,工程质量事故处理情况。

4)合同管理。

①工程变更。概述本合同段工程变更程序：重大变更、重要变更以及一般变更的数量、原因及费用，是否存在擅自变更工程设计的问题。

②工程延期和费用索赔。概述本合同段工程延期和费用索赔办理的程序，工程延期和费用索赔的次数、费用、原因。

③工程分包。有无工程分包，是否有分包协议；是如何对分包人进行审查、管理的，对分包工程是如何进行质量控制的。

④工程保险。保险种类是否齐全，保险数额是否与实际价值相符，保险有效期是否符合合同要求。

5）竣工资料管理。概述竣工资料编制工作组织形式，人员、设备配备情况，文件、检测及试验资料整理归档情况、质量，竣工图的编制情况、质量，存在问题及解决措施，档案完整、准确、系统性评价。

(5) 采用的新技术。概述合同段"新工艺、新材料、新结构、新设备"应用情况，经济效益、工程质量如何。

(6) 交工自查结果。对工程质量的自我评价，标段单位工程优良率、质量评分值，工程遗留问题以及养护的注意事项。

(7) 经验总结。本工程有哪些经验，哪些经验在本合同段之外得到推广，有哪些教训引以为戒以及其他要说明的问题。

◆监理总结

(1) 工程地理位置图。

(2) 工程概况。工程名称、起讫桩号、途径主要控制点、设计标准、主要工程数量及造价，开、竣工日期等。

(3) 工程监理机构设置、人员和设备配备。

1）监理工程师授权书。

2）扼要说明监理单位名称、法人代表及资质、资信等情况以及被监理承包单位名称、法人代表、项目经理等情况。

3）驻地监理组织机构及人员配备。进驻、退出工地日期，驻地监理组织机构、人员配备（人员的数量、素质）及每年调整情况，现场监理的任务及分工情况。

4）试验室仪器、人员配备及功能划分情况。概述试验室资质，仪器的规格、型号、数量及鉴定情况，试验人员的素质（学历、职称、监理工程师资质）、数量，试验室功能、科室的划分以及工作职责。

5）现场监理交通工具、通信设备情况，生活、办公条件。

(4) 监理内部管理。监理制订了哪些内部管理制度（包括日常管理、考核、奖惩及会议制度，岗位责任制等），以及是如何运行的，效果如何。

(5) 工程质量监理。

1）对承包单位自检体系的控制。承包单位质量自检机构人员的业务素质、数量是否满足工程质量自检的需要，施工过程中是如何对自检体系的运行进行监督的。

2）对工程施工过程的监控。

①对开工报告的审查。监理对承包单位提交的施工组织设计、机械设备、人员到场及材料供应情况,原材料、混合料配合比、施工放样资料、试验段资料等是如何审查的。

②对料场、预制场及拌和场的监控。

③在施工过程中是如何通过旁站、抽检、指令等手段对承包单位进行监控的,对存在的问题是如何解决的。

④对中间工序、成品的检测。中间工序检查验收制度执行情况,各项工程最终成品检查验收情况。

⑤对隐蔽工程的检查。隐蔽工程在其覆盖之前,是否每处都通知监理工程师现场检查,监理工程师是否每处都在现场做了检查,是否有记录和照片。

3)监理试验情况。监理现场试验室和驻地中心试验室是否起到指导、监控施工的作用;抽检、平行试验频率是否达到规范要求。

4)工程质量事故是否都有承包单位的报告,是如何处理的。

(6)合同与计划管理。

1)进度控制。监理工程师是如何按照"计划—实施—检查—调整"程序进行动态控制的,采取了哪些措施以及计划完成的情况。

2)工程变更。该书本合同段工程变更管理程序,重大变更、重要变更以及一般变更的数量、费用及原因,是否存在擅自变更和越权批复变更问题。

3)工程延期和费用索赔。概述本合同段工程延期和费用索赔办理程序以及工程延期和费用索赔的次数、费用和原因。

4)工程分包。有无工程分包,是如何对分包人进行审查的、管理的,对分包工程是如何进行质量控制的。

5)有无合同争端和违约,是如何处理的。

工程保险:承包单位的保险种类是否齐全,保险数额是否与实际价值相符,保险有效期是否符合合同要求。

(7)计量支付与造价控制。概述本合同段计量支付程序,计量支付与造价控制的措施及做法。

(8)竣工资料管理。概述竣工资料编制工作组织形成,人员、设备配备情况,管理性文件、抽检和试验资料整理归档情况、质量以及存在的问题和解决措施,档案完整、准确、系统性评价。

(9)对监理工程师项目的质量评价。

(10)经验总结。本工程有哪些监理经验,哪些经验在本工程之外得到了推广,有哪些教训应引以为戒以及其他要说明的问题。

◆质量监督工作总结

质量监督工作总结包括由政府质量监督部门编写的质量监督工作总结以及总监代表处汇编的历次检查的工作报告。质量监督工作报告包括以下内容。

(1)工程概况。

1)概述工程名称、起讫桩号、途径主要控制点、工程设计标准、工程数量、造价和工期。

2)建设单位、设计单位名称,监理单位名称及监理范围。

3)承包单位名称、承包工程范围。

(2)工程监督机构及依据。

1)监督执行机构及监督人员。

2)监督依据。

(3)基本建设程序执行情况,主要阐述该工程项目是否执行了基本建设程序,有没有违背基本建设程序的行为。

(4)施工过程中监督工作情况。

1)监督计划的落实情况。

2)对工程实体质量的检查情况。

3)对监理工作的监督检查情况。监理人员资质、到岗情况,试验设备、办公设施情况,对工程质量、进度、投资控制和合同管理情况,对工程内业资料的管理情况。

(5)对工程建设行为主体质量行为评价,主要阐述对参建单位工程质量控制工作的评价。

(6)交工验收质量检验评定。

1)交工验收依据,对工程实体和内业资料的检查频率。

2)工程质量评价意见,主要阐述质量鉴定意见、质量评定等级及评定分数。

(7)问题与建议,主要阐述工程设计、施工质量中尚存的缺陷以及今后工程运营、养护应注意的问题。

10.4 竣工图

【基础】

◆ 竣工图的编制要求

(1)竣工图要能全面、准确地反映竣工路线、路基、路面、桥梁、隧道、涵洞、路基、防护、互通式立交工程、安全设施等的全部施工实际造型和特征。

(2)施工图无变动的,由竣工图编制单位在施工图上加盖竣工图章作为竣工图。凡有一般性图纸变更及符合杠改或划改要求变更的,可以在原图上进行修改,并加盖竣工图章作为竣工图。

(3)凡结构、工艺、平面布置等重大改变以及图面变更面积超过10%的,应重新绘制竣工图并加盖竣工图章。

(4)重复使用的标准图、通用图,可以不编入竣工图中,但必须在图纸目录上列出图号,并指明该图所在位置并在编制说明中注明。

(5)图纸可按297 mm×210 mm 或297 mm×420 mm 折叠,底图不可折叠,应平放在专用底图柜内,大于1号的底图也可卷放装筒。

(6)竣工图、表的编号办法,参照原设计图纸,按照实际竣工图纸的数量重新编图号和页码。

(7)竣工图所用图例和图幅应与原设计图一致。

(8)竣工图章规格尺寸为 70 mm×50 mm,内容包括,×××工程竣工图,施工单位名称、编制人、审核人、技术负责人和编制日期,竣工图章用红色印泥盖在竣工图右下方,竣工图标之上空白处。

(9)竣工图表中的字体。总目录、总说明常采用 3 号仿宋字体,图纸附注说明文字采用 4 号长仿宋字体,标题栏用 3 号长仿宋字体。

【实　务】

◆定线数据竣工图

(1)封面。

(2)总目录——本册目录。

(3)图例。

(4)竣工说明。

(5)平、纵断面缩图。

若直接利用原设计"平、纵断面缩图",则必须检查结构物位置和地质说明资料,如有变化应予更正。

(6)定线数据竣工图。

1)若原设计图无变更,可直接利用。

2)参照原设计图表示方法,注明实际放线采用的导线成果、曲线要素以及水准点资料。

3)施工中新增的固定导线点、水准点也要标注在竣工图上。

◆平面总体布置图

(1)封面。

(2)总目录——本册目录。

(3)图例。

(4)竣工说明。

1)概述本段平面线型设计及变更情况。(包括变更原因、依据)

2)执行原设计及变更情况。

3)长短链情况。

(5)平面总体竣工图。

1)"平面总体设计图"如无变更,可利用原设计图。

2)若构造物有变更,应将实际竣工的构造物补画在竣工图上。

3)地形、地物与实际不符的应予纠正。

4)通道、跨线桥的引道按竣工的实际走向、长度、宽度画在竣工图上。

5)路基边沟按实际排水方向标注箭头。

(6)中线坐标表。

若施工中无变更,可采用原设计值。

(7)统一里程及断链桩号一览表。

◆纵断面竣工图

(1)封面。
(2)总目录——本册目录。
(3)竣工说明。
1)概述本段纵断设计及变更情况。(包括变更原因、依据)
2)执行原设计及变更情况。
3)施工中采用哪些方法控制纵断高程。
(4)纵断面竣工图。
1)纵断面上桥梁、涵洞、通道均按竣工的位置、结构形式、孔径表示。
2)地面线高程应反映清表压实后的高程,以虚线表示。
3)图表中将原"设计高程"改为"竣工高程"。
4)图下表中的竖曲线、坡度、坡长等均按竣工后的实际数据填写。
5)图上的超高设置形式及其分段桩号,应按竣工的实际情况标注。
6)图表中"地质情况"一栏,按实际情况填写。

◆路基路面竣工图

(1)封面。
(2)总目录——本册目录。
(3)竣工说明。
1)工程概况。
2)设计变更情况。(包括变更原因、依据)
3)执行原设计及变更情况。
4)施工过程中对不良地质处理的情况。
5)路基施工中控制压实度的情况。
6)路面主要材料来源、质量。
7)路面施工采用哪些先进的施工机械。
8)执行路面施工技术规范情况及控制施工质量采用了哪些有效措施。(或施工工艺)
9)施工中对质量事故处理的情况。
(4)竣工图表。
1)原设计涉及的内容竣工图均应反映,必要时还须增加图纸。
2)路基竣工标准横断面、匝道横断图,超高方式图及一览表。若无变动,可直接利用原设计图。
3)路面结构竣工图。
①若无变更可直接利用原设计图纸。
②原设计"路面结构形式一览表"中的分段、分类桩号,应按照竣工的分段、分类桩号填写。
4)集水井、横向排水管竣工图。

5）横向排水管配筋竣工图。如果横向排水管为外购材料,应按照厂方提供的实际配筋图绘制竣工图,重新计算工程量。

6）水簸箕竣工图。

7）护坡竣工图。

8）挡土墙竣工图。

9）挡土墙与其他结构物相连处竣工图。

10）挡土墙工程数量表。

11）软基处理竣工图。

12）路基土石方数量竣工表。可以参照原设计图纸格式,根据监理工程师计量支付认可的工程数量进行编制,并注明每公里土石方数量。

◆涵洞、通道、小桥竣工图

（1）涵洞、通道。

1）封面。

2）总目录——本册目录。

3）竣工说明。

①本段涵洞、通道概况。

②工程变更情况、原因及依据。

③执行原设计及变更情况。

④施工中遇到不良地质的处理情况。

⑤质量事故的处理情况。

⑥执行施工技术规范情况。

⑦隐蔽工程检查情况。

4）竣工图表。

①涵洞。

a. 按实际施工的涵位、孔径、长度绘制竣工图。

b. 注明基底地质情况。

c. 主要工程数量表中除保留原设计数量外,还应另附一项竣工数量表,以利对照。

②通道。

a. 按实际的孔径、长度绘制竣工图。若无变更可利用原设计图。

b. 注明基底地质情况。

c. 主要工程数量表中除保留原设计数量外,另附一项竣工数量,以利对照。

d. 竣工图中应反映竣工后通道连接线的路面结构及纵坡情况。

③线外结构物竣工图。

（2）小桥。

1）封面。

2）总目录——本册目录。

3）竣工说明。

①本段小桥工程概况。

②工程变更情况,变更原因及依据。
③执行原设计及变更情况。
④施工中执行施工技术规范、进行质量控制情况。
⑤主要材料来源、质量情况。
⑥地质情况及对不良地质处理措施。
⑦质量事故处理情况。
⑧隐蔽工程检查情况。
4)竣工图表。
①原设计涉及的内容,竣工图均应反映,必要时还须增加图纸。
②若工程无变更,可利用原设计图。
③小桥各特征点的高程和全桥工程数量表要反映"设计"和"竣工"两项内容。
④梁(板)安装竣工表。列出梁(板)顶面纵向设计和竣工高程以及支座中心偏位数据。
⑤墩(台)帽竣工表。列出每个墩(台)帽顶面(柱子中心位置处)设计、竣工高程,纵、横轴线位差。
此表可放在墩(台)结构图的空隙处,或另制表。
⑥伸缩缝。竣工图按实际结构绘制,并重新计算工程量。

◆中桥、(特)大桥竣工图

(1)封面。
(2)总目录——本册目录。
(3)竣工说明。
1)工程概况。
2)施工组织设计、计划编制、调整等情况。
3)工程变更情况,原因及依据。
4)采用新工艺、新材料情况。
5)执行施工规范及质量检测情况。
6)质量事故处理情况。
7)隐蔽工程质量检查情况。
(4)竣工图表。
1)桥位平面竣工图。路线线位、桥位、桥型若无变更,则可利用原设计图,但须修正变更后的地形地物。
2)桥型布置竣工图。
3)桩位布置竣工图。
①原设计图没有桩位图的,竣工图中要增加此图,纵横比例可以不同。
②每一个桩位画一个圈,分母为竣工桩底高程,分子为竣工桩顶高程。
4)桥台构造竣工图。
①桥台特征点高程表中的高程,必须标出设计和竣工高程。(设计/竣工)
②桥台工程数量表按竣工数量填写。
5)桥墩构造竣工图。

①桥墩特征点高程必须填写设计与竣工高程。（设计/竣工）

②工程数量表按竣工数量填写。

6）结构挖方及锥坡竣工图。

①如无变更，可利用原设计图。

②工程数量表按竣工数量填写。

7）全桥工程数量表。表中列出"设计"和"竣工"数量，若竣工工程数量与设计工程数量完全相同，则可直接将原表中"设计"改成"竣工"便可。

8）梁（板）安装竣工表。列出梁（板）顶面纵向设计和竣工高程、支座中心偏位数据。此表放在桥型竣工图后面。

9）墩（台）帽竣工图。列出每个墩（台）帽顶面（柱子中心位置处）设计、竣工高程，纵、横轴线位差。

放在墩（台）结构图空隙处或另制表。

10）伸缩缝。竣工图按实际结构绘制，并重新计算工程量。

◆分离式立交桥竣工图

（1）封面。

（2）总目录——本册目录。

（3）竣工说明。

1）扼要说明分离式立交工程概况。

2）设计变更情况，原因及依据。

3）在施工过程中执行原设计及变更情况。

4）在施工中采用新工艺、新材料情况，对不良地质的处理情况。

5）执行规范情况，工程质量自检情况。

6）质量事故处理情况。

7）隐蔽工程检查情况。

（4）竣工图表。

1）跨线桥竣工图表要求同大、中桥。

2）若被交道进行过改建，要编制被交道竣工图。其内容包括：纵断面竣工图，路面结构、路基断面和防护排水工程竣工图。

◆互通立交竣工图

（1）封面。

（2）总目录——本册目录。

（3）竣工说明。

1）互通立交形式及工程概况。

2）设计变更情况，原因及依据。

3）执行原设计和变更情况。

4）在施工中采用新工艺、新材料情况。

5）对不良地质处理情况。

6)执行施工技术规范和工程质量自检情况。

7)质量事故处理情况。

8)隐蔽工程质量检查情况。

(4)竣工图表。

1)平面竣工图,按施工后的实际地形、地貌修正原设计图后便可作为竣工图。

2)线位数据竣工图。由于匝道等相互之间关系复杂,除了移位、变动较大的需要重新绘制竣工图之外,其他的只需将施工中发现的误差纠正后即为竣工图。

3)纵断面竣工图,主线、匝道以及被交道路基横断面竣工图,路面结构竣工图,连接部竣工图等均按实际施工的高程、坐标、桩号进行绘制。

4)跨线桥竣工图表要求同大、中桥。

5)收费设施(收费岛、收费雨棚、电缆沟等)竣工图。

6)原设计图中互通立交工程量一览表保留不动,则需另加一张互通立交竣工工程量一览表,以利对照。

◆桥涵通用图竣工图

(1)封面。

(2)总目录——本册目录。

(3)竣工说明。

(4)通用图竣工图。

1)可以提交一套本合同段施工用的通用图,若有变更和修改,则须另行绘制图纸并说明。

2)若预制构件为外购产品,则必须按照厂方提供的实际配筋图绘制竣工图。

◆隧道竣工图

(1)封面。

(2)总目录——本册目录。

(3)竣工图说明。

1)工程概况。

2)施工组织设计、计划编制、调整等情况。

3)施工实际地质及工程变更情况。

4)采用新工艺、新材料情况。

5)执行施工规范及质量检测情况。

6)质量事故处理情况。

7)隐蔽工程质量检查情况。

(4)竣工图表。

1)隧道平面竣工图。路线线位、遂位若无变更,可利用原设计图。

2)隧道纵断面竣工图。

①围岩类别、地质特征均按实际地质情况填写。

②衬砌类型均按实际衬砌方案填写。

③图表中"设计高程"改为"竣工高程"。

3)洞口建筑竣工图。洞口、翼墙、排水无变化,可利用原设计图。

4)隧道建筑限界及衬砌内轮廓竣工图。

5)洞身衬砌竣工图。根据洞身实际地质情况,变更锚喷支护、衬砌施工方案的,应分别标出变化段桩号和变更后的施工方案。

6)隧道防水竣工图。

7)明洞衬砌竣工图。若衬砌方案变更,将变更后的施工方案反映在竣工图上。

8)隧道路面结构竣工图。

9)照明、通风设施布置竣工图。

10)工程数量竣工表。原设计图中注明的内容,竣工图中都要反映出来,必要时还须增加图表。

◆交通安全设施竣工图

(1)封面。

(2)总目录——本册目录。

(3)竣工说明。

1)工程概况。

2)设计变更情况、原因及依据。

3)施工过程中执行原设计及变更情况。

4)采用新工艺、新材料的情况。

5)执行施工技术规范和质量自检情况。

(4)竣工图表。

1)竣工图表的内容包括,防撞护栏、隔离栅、标志、标线、照明设施和紧急电话等项目的竣工图及有关表格。

2)图表中的起讫桩号和工程数量均以竣工的起讫桩号和数量填写。

3)原设计图中涉及的内容竣工图均应反映,必要时还须增加图纸。

◆电缆管线竣工图

(1)封面。

(2)总目录——本册目录

(3)竣工说明。

1)扼要说明通信工程的内容和工程施工情况。(通信工程中的土建部分)

2)工程变更情况,原因、依据等。

3)在施工中执行原设计及变更情况。

4)执行技术规范及质量自检情况。

(4)竣工图表。

1)电缆管道布置竣工图及表格。

2)人孔、手孔竣工图及表格。

3)所有原设计图表中反映的内容,竣工图中均应反映,不能遗漏。

◆环境保护设施竣工图

(1)封面。
(2)总目录——本册目录。
(3)竣工说明。
1)扼要说明环境保护工程的内容和工程施工情况。
2)工程变更原因及依据。
3)在施工中执行原设计及变更情况。
4)执行技术规范及质量自检情况。
(4)竣工图表。
1)隔音墙竣工图。(表)
2)绿化工程竣工图。(表)
3)列出"竣工"与"设计"工程数量表。
4)原设计图表中反映的内容,竣工图中均应反映。

◆其他路产分布竣工图

(1)封面。
(2)总目录——本册目录。
(3)竣工说明。
1)扼要说明"其他路产"工程的内容和工程施工情况。
2)工程变更原因、依据。
3)在施工中执行原设计及变更情况。
4)执行技术规范及质量自检情况。
(4)竣工图表。
1)建房工程竣工图(表)。
2)为养护、运营所确认的路产(例如苗圃等)竣工图。
3)列出"竣工"与"设计"工程对照表。
4)原设计图表中反映的内容,竣工图中均应反映。

参考文献

[1] 国家标准.JTG F80.1—2004 公路工程质量检验评定标准[S].北京:人民交通出版社,2005.

[2] 国家标准.JGJ 52—2006 普通混凝土用砂、石质量及检验方法标准(附条文说明)[S].北京:中国建筑工业出版社,2006.

[3] 国家标准.GB 50204—2002 混凝土结构工程施工质量验收规范[S].北京:中国建筑工业出版社,2002.

[4] 国家标准.GB 50205—2001 钢结构工程施工质量验收规范[S].北京:中国计划出版社,2002.

[5] 国家标准.JTG/T B07—01—2006 公路工程混凝土结构防腐蚀技术规范[S].北京:人民交通出版社,2006.

[6] 国家标准.JTG F40—2004 公路沥青路面施工技术规范[S].北京:人民交通出版社,2005.

[7] 国家标准.JTG G10—2006 公路工程施工监理规范[S].北京:人民交通出版社,2006.